JN123934

九州の港と唐人町

森　勝彦

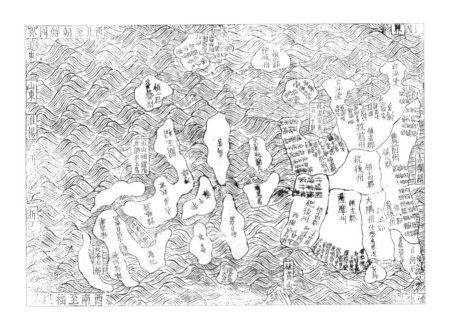

海鳥社

はじめに

　九州は中世から近世初頭にかけて日本における国際交流のゲートウェイ的存在であった。鎖国以降、九州が国際舞台に登場するのは西南雄藩による西洋式工業施設の建設と薩英戦争、下関戦争である。その後、舞台は関西や関東に移り、九州は国民国家の周辺部としての性格を強めていった。近年になり、輸出志向の自動車工業の集積、農林畜産関係の輸出の増加や、LCC やクルーズ船によるインバウンドの増加などにより、再び地理上の国際優位性が顕在化しつつある。2020年の新型コロナウイルスの感染拡大は、国際貿易、国際観光に大きな打撃を与えた。しかしこれもグローバル化の影響の様々な側面の一つでもあり、今後新たな形での交流のあり方が必要とされる。

　このような中で、国際交流が盛んであった時期の九州への外来文化の伝来の諸相や伝来の拠点となった唐房（唐坊）、唐人町やそれらが存在した港湾、港町の究明が求められている。それは、港湾、港町の歴史的景観の価値の再評価につながると同時に、中国人をはじめとする異人たちとの交流、交易、文化・技術の伝播、摩擦の過去のあり方が今後の九州・沖縄の将来に様々な示唆を与えてくれると思われるからである。

　九州の港は対外交易が盛んであったといわれている。その際に参考となるのが唐人町の地名の存在である。唐人町は本来、華僑街、唐人街ともいわれるチャイナタウンで、華僑の日本への進出を示すものであるが、同時に九州各地がかつて中国を中心とした域際交流を行っていたことを示すものである。したがって唐人町が存在した港は対外交易が盛んであったとみなせる。ただし唐人町は内陸部にも存在するが、その集落、地域の中で対外的な役割を担っていた。

対外交易に熱意があった戦国期、近世初頭の大名、領主や禅宗系の寺院が関係した港の中で唐人町や唐人の存在がみられるものを本書では取り上げたい。ここでの唐人は、中国人、朝鮮人だけでなく異国人、外国人という意味もある唐人という総称としての語句である。またそれらの港の中で、唐人が短期滞在ではなく長期滞在、もしくは定住、移住をしているような港では、そこに居ついた唐人との日常的交流の中で石敢當（いしがんとう）、媽祖神（まそ）（天妃（てんぴ）、天后（てんこう））、薩摩塔などのような外来文化の受容が行われてきた。外来文化については近年、研究が盛んとなっているが、入り口にあたる港湾、港町については明らかにすべき部分もかなり残されている。

　今回は南九州を重点的に取り上げるが、北部九州の事例にもできるだけ触れながら九州全体の特徴に迫る一歩としたい。なおここで扱う唐人町は14、5世紀以降に成立したとみられるもので、それ以前に成立したといわれる唐房は時代背景が異なり一部を除いて対象とはしないが、対外交易港との関係など共通点も存在する。また、ここでの唐人、唐人町とは中国人が主体であるが、朝鮮人、南蛮人なども含めた意味で使用し、中国人だけの場合は華人系唐人とした。

CONTENTS

九州の港と唐人町

港と唐人町の分布

　南九州の港と唐人町の分布をみるまえに、まず九州全域の唐人町の分布を港との関係でみたい。多くの唐人町は対外的な交易港と密接な関係にあった。唐人町は対外交易に従事する住民がいた場合が多く、海港や河港に隣接している。現在内陸部にあるようにみえても、かつては海に面していたり河川に臨んでいたりした。唐人町と密接な関係がある港は対外交易港とみなしていいと思われる。

　帆船時代の港の立地はまず航路によって決定された。そして航路は海流と季節風を利用し島や陸上の山、岬が可視できるルートが選ばれる。航路上でいくつかの条件が揃った場所に港は立地する。

　ここで中世後期から近世の鎖国までの九州の港と主要航路についてみたい。当時の九州の港と航路について、中国側が捉えていた代表的な地理書に『籌海図編』、『日本図纂』、『日本考』、『日本一鑑』などがある。倭寇の本拠地とされた九州を中心とした近畿以西の地理が中心となっている。この内『日本図纂』、『日本考』は『籌海図編』の「倭国事略」をほぼそのまま転載したものであり、『籌海図編』が基本書の代表の一つである。港について『籌海図編』が伝聞で記しているのに対して、『日本一鑑』は著者の鄭舜功が実際に豊後府内に航行、漂流した体験と伝聞から九州の港に関して述べている。それまでの史料に比較すればいずれも詳細に記しているが、位置関係に誤解や不正確さがみられ、また現在地への比定は困難なものが少なからずあり、図1の制作に関し、特に『籌海図編』およびその系統の地理書については、先学の検討に基づきつつ修正を加えた（神戸2000a、bなど）。

　これらの史料は基本的には中国側からみた、あるいは中国に知られ

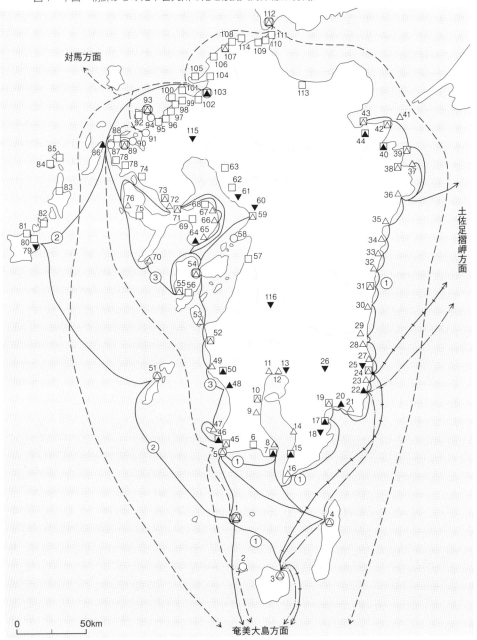

図1　中国・朝鮮からみた中世九州の港と航路（海岸線は現代）

①港、唐人町番号

1. 硫黄島	2. 口永良部島	3. 屋久島	4. 種子島
5. 坊	6. 頴娃	7. 山川	8. 指宿
9. 谷山	10. 鹿児島	11. 加治木	12. 隼人（宮内）
13. 国分	14. 高須	15. 根占	16. 大泊
17. 肝属川河口（東串良）	18. 高山	19. 志布志	20. 串間
21. 千野（血野）	22. 外之浦	23. 目井	24. 油津
25. 飫肥	26. 都城	27. 内海	28. 赤井（赤江）
29. 和知川原	30. 徳淵	31. 土持（高鍋）	32. 美々津
33. 細島	34. 赤水	35. 東海	36. 蒲江
37. 竹島	38. 佐伯	39. 四浦	40. 臼杵
41. 高島	42. 佐賀関	43. 沖浜（瓜生島）	44. 府内（大分）
45. 泊	46. 久志	47. 片浦	48. 市来
49. 京泊	50. 川内	51. 甑島	52. 阿久根
53. 黒之瀬戸	54. 天草（本渡）	55. 軍ヶ浦	56. 天草（河浦）
57. 八代	58. 三角	59. 白川河口（川尻）	60. 熊本
61. 伊倉	62. 高瀬	63. 瀬高	64. 口之津
65. 有馬	66. 島原	67. 三江	68. 多比良
69. 千々和	70. 樺島（川島）	71. 諫早	72. 三浦
73. 大村	74. 早岐	75. 出津	76. 瀬戸
77. 相浦	78. 小佐々	79. 福江	80. 田ノ浦
81. 戸岐	82. 奈留	83. 青方	84. 小値賀
85. 宇久	86. 平戸	87. 田平	88. 御厨
89. 松浦（志佐）	90. 今福（下松浦）	91. 波田津（上松浦）	92. 名護屋
93. 呼子	94. 左志	95. 唐津	96. 浜崎
97. 片山	98. 加布里	99. 泊	100. 芥屋
101. 今津	102. 野方	103. 博多（福岡）	104. 和白
105. 志賀島	106. 神湊	107. 芦屋	108. 山鹿
109. 小倉	110. 大里	111. 門司	102. 赤間関（下関）
113. 今津	114. 若松	115. 佐賀	116. 人吉

②地図記号

△『日本一鑑』記載の港、□『籌海図編』記載の港、○『海東諸国紀』記載の港、黒塗りは唐人町のあった港、▼は唐人町のみ

③航路

————————————— ①	『日本一鑑』「夷海右道」
————————————— ②	『日本一鑑』「夷海上道」沖合航路
————————————— ③	『日本一鑑』「夷海上道」沿岸航路
—+—+—+—+—+—+—	『日本一鑑』「万里長歌」
～～～～～～～～	『籌海図編』「使倭針経図説」
— — — — — — —	『海東諸国紀』「日本国西海道九州之図」

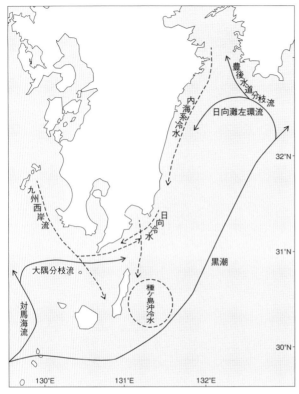

図2　九州南東の海流（水産庁『沿岸域における魚群
　　　生態ならびに漁場形成機構に関する研究報告書』
　　　[1983] を参考に作成）

た当時の倭寇の本拠地の港を例示しようとしたものである。倭寇は一方では海商としての性格もあったので、それらの港は事実上対外交易港でもあった可能性はある。久志、志布志、臼杵、博多、大村など両書ともに記載された港は重要度が高かったのではないかとみられる。『籌海図編』は筑前から肥前にかけての港の記載が多く、『日本一鑑』は薩摩、日向、豊後の港が多い。これは両書の成立の経緯の相異を反映している。さらに福建、琉球

から九州を経て四国、瀬戸内海を通り畿内に行く航路が沖合航路や沿岸航路として記されており、目的に応じた航路が形成されていたことが窺われる。これに朝鮮からみた資料として1471年に編纂された『海東諸国紀』「日本国西海道九州之図」記載の港、航路を図化した（図1）。『海東諸国紀』は李氏朝鮮、成宗の時代に編纂されたが、朝鮮と琉球・九州間の航路とその航路に存在する島々、および琉球に関心が集中しており、九州の港に関しては、沖合航路で寄航する少数の港しか記載がない。上記の二つの中国書とは関心、編纂の目的の違いがあらわれている。

航路は前述のように海流、季節風と関係がある。華南、台湾、琉球方面から東シナ海を来た黒潮の流れはトカラ列島付近で対馬海流が分岐する。黒潮本流は種子島、屋久島の南から日向灘に向かう。さらに対馬海流は沿岸に向かって大隅分枝流、黒潮本流は日向灘左環流、豊後水道分枝流など多くの分枝流を発生させる。また沿岸では黒潮、対馬海流とは逆方向の反流や冷水流が存在する（図2）。これに季節風が絡み、夏は南東風が黒潮、対馬海流の流れを加速し、冬は北西風が反流、冷水流の流れを加速させる。図1の沖合航路は黒潮本流、対馬海流と、沿岸航路は分枝流や反流、冷水流と関係が深いとみられる。港はこれらの個々の海流により海流港群というべきグループ、ネットワーク群を形成している。また港と航路との関係から、（1）沖合航路の分岐点、（2）沖合航路と沿岸航路の分岐点、（3）沿岸航路と有明海、鹿児島湾、別府湾などの内湾航路との分岐点にあたる港が存在する。（1）は博多、那覇、奄美大島、（2）は硫黄島、油津、外ノ浦、坊津、屋久島、種子島、平戸、（3）は口之津、軍ヶ浦、山川、根占、蒲江、瀬戸などである。（1）の博多は古くから唐船の寄港地であり、那覇は国際中継貿易国家琉球の表玄関であった。奄美大島は笠利湾の深江浦や倉木海底遺跡が発見された宇検の焼内湾が大型船の寄港地だった。（2）は日明貿易の主要港である。硫黄島は南九州からの最大の輸出品である硫黄の産地として有名であった。（3）は内湾を支配した在地勢力の水軍港、外港としての性格も併せ持つ。

　航路の規模、性質が異なると、『日本一鑑』「夷海右道」の蒲江から府内に向かうとき「内曲なれば小船を用う」とあるように、小型船に乗りかえる必要があった。分岐点の港はネットワーク群の交点にあたり重要な港であったとみられる。また季節風などの風待ち用として坊津や五島列島、松浦半島の港は機能した。また風向きにより船の出入りが困難となる港が大部分であったが、どんな風向きでも出入港が可能な港は寄港地としての重要性が増した。港の出入りは風向きと潮流を利用して行われた。

これに唐人町の分布を重ねると対外交易港が浮かび上がる。また町的集落は形成しなくても中世の港には唐人が存在する例が多かったと思われる。これは図1の航路が最終的に中国、朝鮮、琉球、さらには東南アジアにつながっているからである。九州、琉球の華人系唐人の出身地は華僑を輩出した福建、広東が多い。琉球方面からの航路は、九州の東西の沖合航路につながる形ですでに整備されており、華南からの唐人の来訪もその航路を利用して行われた。唐人町が形成された頃の中国商船が利用したとみられる航海指南書に『順風相送』がある（内田1985）。『順風相送』にある福建から琉球経由で日本方面の航路は福建省漳州が出港地で久米島、慶良間方面から那覇に行き、那覇から南西諸島を島伝いに北上し、大隅の佐多岬付近から足摺岬、土佐湾、室戸岬を経て兵庫港に行くという航路である。『順風相送』にはほかにフィリピン、ジャワ、スマトラへの航路を合わせ17の航路が記され、その内10の航路の出発地が現在の厦門港口である。そのほかは福建、広東である。華僑の出身地域と遠洋航路の出発地が一致しているのは偶然ではなく、九州・琉球の唐人の出身地、出港地もこの地域であった。『籌海図編』の「使倭針経図説」には福州から台湾を経て琉球から『順風相送』と同じ航路、『日本一鑑』は広東から福建の厦門、金門島付近から台湾を経て琉球から『順風相送』と同じ航路、ただし金門島近くから肥前の有馬を直接目指す航路、福州から尖閣諸島を経て琉球から日本へという航路もあったことも記している。

　『海東諸国紀』の航路も合わせると、朝鮮半島、九州、琉球、台湾、福建、広東という東シナ海の外延ルートおよび畿内への瀬戸内海、四国経由のルート、さらに江浙地区から五島、松浦半島へのルートが、15、6世紀には唐人の移動路・循環路として活発に機能していたことを窺わせる。

　またこれらの航路は国内的には、次第に政治・経済の中心として影響を強めていった畿内への航路に連結され、その影響を受けていたことはいうまでもない。唐人町の形成の背後には、このような航路ネッ

トワークの発達がある。この航路上の港に唐人が往来した。ここで唐人町の分布、形成に大きく関与している港について、上記の海流、航路以外の立地条件についてみよう。

　中世の港の立地に関わる地形条件としては河口、ラグーン（潟湖）、潟など河川が関与している場合が多いが、多島海地域ではリアス式海岸の内湾もある。これらの地形的条件は複合的で、時代により地形営力により変化もするし、マクロスケールかミクロスケールかによっても異なる。ただ平野部では河口とラグーンの複合型、多島海地域ではリアス式海岸の内湾か内湾にラグーンが形成された型が最も多いと思われる。リアス式海岸でも大型船が寄航できる場所は限られており、『日本一鑑』には日向の細島について「港は大にして停ること可なり。東南風を避く」とあるが、このような大型船が利用できる港は少ない。

　ラグーンに、ある程度の流域を有する河川が流れ込んでいる場合、在地の後背地を持つ港であり、内陸部と河川を利用して交流がある。ただし次第に河川の沖積作用により河川およびラグーンに土砂の堆積が進んだことや、近世になると新田開発によりラグーンの干拓が進み市来や串良は利用されなくなってきた。特に鎖国後、海岸部は農業優先となり新田開発が重視された結果、多くの港が衰退、消滅した。河川沿いであった国分は河川の付け替えもあり完全に内陸化した。

　以上のような地形的条件のほかに港が成立する条件がまだある。木造であった当時の船は長い航海の間に船虫が貼りつき、木を食い荒らし危険な状態になりかねなかったため、船虫駆除をしなければならなかった。その方法として入り江や海水が遡る川が干潮のときに陸化するのを利用して船虫駆除を行う。このような浮きドッグを整備した港が交易港としての資格があった。干満などの水の出入りが大きい場所は船虫が付きにくい場所でもあった。

　さらに薪水の補給ができることも重要であった。唐人町のあった国分では交易船に水を提供したといわれる井戸が数カ所存在しているが、国分平野の米なども供されたとみられる。航海者にとっては航路上に

水や食料の補給地点を確保していることが何よりも重要であり、それらを提供できるところが港としてふさわしい場所であった。特に島などの沖合航路上の港はこの条件が重要であった。風待ち港として機能し交易港の代表としてあげられる坊津や五島列島、松浦半島などのリアス式海岸の港は、特に食料の補給基地としては不十分な点がみられる。この点、豊臣秀吉が朝鮮出兵の兵糧米確保の兵站基地として設置した九州蔵入地は、交易港の背後に平野や河川がある場所を選択、設定されており、薩摩の出水・阿久根・加治木、肥後の高瀬・伊倉などがその例である。

　唐人町が関係する港は対外交易港とみなされるが、対外交易港の立地場所として考慮すべき点に共同体との関係がある。対外交易港は一般に共同体の内部と外部の境界に位置しているとされてきた。これはカール・ポランニーが主張して以来、世界的に普遍的であることがほぼ認められている。国家という共同体でみれば東シナ海、日本海に面した周辺地域の港はこのような性格を有している。さらに、その港の内部で対外的な港は対内的な港とは別に分化している例が多い。坊津の博多浦、那覇港、長崎の出島などは港の中で対外的な指向が強い。対外交易の歴史度、頻度、重要度が高い港ほどその区別は明瞭である。唐人町もこのような港の近くに成立してきた。

　細かくみると唐人町は川や海に直接面している場合と、そこから若干内陸部に離れている場合がある。前者は臼杵などのように海外貿易に関わる商館や倉庫が存在したと思われる貿易地区である。後者が基本的には多いが、居住地区であるとみられる。なお都城のような官僚、医師などの亡命唐人が中心で、在地領主の本拠地が内陸部にある場合には、唐人町は貿易とは関係のない内陸奥に立地し、城下町形成の中で古い唐人町が移設された。その場合でも在地領主の支配下にあり本拠地の外港の役割を果たした交易港の唐人が移されたことが多く、港との関係はある。

　対外交易港にふさわしい場所は、海流、季節風に加え、以上の諸条

件を満たすところとして遣唐使の時代から知られ、対外交易を重んじた平氏、北条氏をはじめ、荘園領主、守護・戦国大名の直轄地、本拠地として選ばれてきた。ただしこれらの港は、対外関係、後背地との関係、航海技術、船の構造、航路、輸出品、地形の変化等により盛衰の度合いや機能の変質が大きい。日明貿易の南海路開設により急速に発展した日向灘、大隅半島、薩摩半島にかけての諸港は、日明貿易の中止により一時衰退するが、倭寇的な密貿易港として再登場し、西海肥前沿岸や島原半島、豊後水道域の諸港は南蛮貿易との関係で発達した。唐人町の形成の背景や性格も、これらの港の変化と関係が深い。対外交易港は上記の港湾の立地、交易機能の変化、唐人町の性格などが絡み合って展開してきた。

唐人町の形成過程

　唐人町が形成された要因には前述した港で行われる対外交易が大きく関わっていたが、いま一度、当時の東アジアの時代状況の中で位置づけてみたい。まず華人系唐人、すなわち華僑（新華僑も含む）の発展過程は時期的に第1期の8～16世紀、第2期の16～19世紀半ば、第3期の19世紀半ば～20世紀半ば、第4期の20世紀半ば～1979年、第5期の1979年以降に区別される。唐人町が形成されたのは第2期の時期である。当初はスペイン、ポルトガル、のちにイギリス、オランダのヨーロッパ勢力のもとで東南アジアの開発が進んだ時期だが、同時に東、東南アジアでの唐人の活躍が顕著になった時期で両勢力および現地との摩擦も生じた時期である。16世紀は1567年まで明の海禁政策により自由な交易が禁じられていたし、17世紀は1661～83年まで清に抵抗する鄭成功一族を滅ぼすために遷界令が布告され厳しい海上封鎖が行われるなどの制限が行われたが、実質的には制限は有名無実であった。むしろ日本の銀を求めてのかなり強い経済的動機が制限に優先した。また明末清初の混乱時期、九州に亡命する明朝の官僚や僧侶、技術者が増加した。

　一方日本側は各地の戦国大名や有力寺院、さらに織豊政権、徳川幕府も鎖国までは唐人を積極的に招き重用する政策であった。唐人町は戦国城下町の形成の中でその一部として設置されたものが多いが、長崎の唐人屋敷は鎖国後、幕府の直轄地に集住させられた事例である。ほとんどの場合、在地領主の関与が何らかの形であったとみられ、純粋な自然発生的形成は少なかったと思われる。

　ただし唐人町には南蛮人が居住した臼杵、口之津のような例がみら

れる。これはその港の性格が関係する。華僑の活動が顕著な時期の唐人町には、華人系唐人だけでなく南蛮人も混住していた例がある。また、国際的な貿易港や多民族の居住する唐人町も出現したことや、前述のように亡命華人が形成した例もあり、唐人町が形成される当時の時代状況を反映している。

　また唐人の一般的な移住過程には、交渉期、摩擦期、競合期、順応期、同化期（あるいは吸収期）の４つの段階があるとされている（斯波 1995）。交渉期は前述の時期区分でいえば８〜16世紀にほぼあたり、この時期は、早くから唐人が薬種や菓子の商い等を中心として広く活躍していたことからみて定住化への基礎条件は備わっていた。日宋貿易が行われた頃、九州には博多、津屋崎、唐津など北部九州を中心に唐房と呼ばれる唐人の滞在地が形成された。

　本書で対象とする唐人町の形成時期は交渉期の末期以降に相当する。東南アジアでは当初はヨーロッパ勢力や現地社会との間で摩擦が生じた。九州の対外交易港でも利権を争う事件が発生している。マニラやバタヴィア（ジャカルタ）では華僑の大量虐殺事件が発生するほどであった。唐人の一層の対外進出と海上活動が盛んとなったこの期も唐人の九州、琉球への来航動機や日本、中国の対外政策により若干の差異がある。それは16世紀半ばから後半にかけての後期倭寇の時期を挟んで、ほぼ４期に区分できる。

　まず第Ⅰ期は、前期倭寇が終結した15世紀初めから後期倭寇が開始する16世紀半ばまでの時期である。日明貿易、琉球王国の中継貿易や私貿易が円滑に営まれていた時期である。無論、日明貿易以前から荘園の密貿易、平氏、北条氏の直轄領での対外交易などで、博多以外でも唐人の来航はあり定住する例もあったが、それは唐房の形成時期であり、この期以前である。第Ⅰ期は、図１にみられる国内外との沖合航路や九州内の沿岸航路が発展した時期で、内外航路の分岐点、すなわちゲートウェイにあたる港に唐人の定住、移住が行われた。那覇や坊津など複数の航路の分岐点に当たる港で形成される傾向が強く、

対外的に重要な位置にある場所から次第に領主拠点の沿岸の港に形成されていった。後述するいくつかの事例でみられるように唐人の中にリーダー的存在の個人、あるいは一族がおり、彼ないし彼らと在地領主との結びつきが唐人を集住させる例が多い。これらの交渉はすでに中世初期から行われ、交渉の仲介にあたる唐人や僧侶などが九州各地に存在していたと思われる。また九州各地から長崎に移住した唐人の系譜は比較的明らかになっているが、南九州各地の林氏、江夏氏（こうか）など唐人相互の関係等は今後の課題である。

　第Ⅱ期は明の海禁政策の中で勘合貿易が断絶した1547年以降の後期倭寇の時期である。中には王直のように倭寇自身が唐人町の形成に関わった例もみられる。密貿易で東シナ海の海港が賑わう一方で衰退する商人も多かった。その間隙をぬうようにスペイン、ポルトガル商人、宣教師の来航が多くなり南蛮貿易が盛んとなり始めた。第Ⅱ期は、第Ⅰ期も含めて国家間の貿易が制限された海禁状況の中で各領主が誘致した私貿易が盛んであり、密貿易や倭寇との関係がある商人や唐人、さらにポルトガル商人や宣教師などが入り混じった形で、混沌としているが国際色溢れた港であったと思われる。坊津のようなゲートウェイの港だけでなく、沿岸航路や内湾航路の港の形成がみられる時期である。

　口之津の唐人町の形成も有馬氏の対外交易重視の政策がある。それぞれの在地領主の意向と華僑の第2期海外進出時期が重なり各地に形成された。唐人町は日明貿易とも関連があるが、一方では後期倭寇とも関連がある。南九州では東串良（ひがしくしら）が肝属氏、根占が禰寝氏（ねじめ）、市来が市来氏など在地の領主の対外交易の拠点港に唐人町が形成されたが、いずれも倭寇との関係が深い領主である。後期倭寇は北部九州が拠点の王直派と南九州が拠点の徐海（じょかい）・陳東派（ちんとう）が競っていたが、第Ⅱ期には倭寇により捕虜、あるいは人身売買の対象となり連れて来られた唐人も多い。

　第Ⅲ期は、明が1567年海禁を撤廃、1588年秀吉が海賊禁止令を出

して倭寇が終結し、朱印船貿易が活発となった時期である。明の衰退・戦乱により高官、儒学者、医者などの亡命唐人が目立つ時期でもある。南九州では北上の道を断たれた島津氏が南方海上交易に活路を見出そうとした。

第Ⅲ期の港は戦国大名や近世大名の城下町建設や朱印船貿易、さらに南蛮貿易、琉球貿易に寄与する唐人が重用された港である。南九州では山川が鹿児島の琉球貿易の外港として坊津に代わって発展した。唐人の多くは帰化し、貿易だけでなく医学、易学、産業技術など各方面にわたり活躍し地域に影響を残した。また文禄・慶長の役により捕らえられた朝鮮人陶工たちが居住した朝鮮系唐人町が形成されたのもこの時期である。高麗町、蔚山町と呼ばれることもあり、各地で陶磁器産業の発達の中心的存在となった。

東南アジアでみられた唐人の現地社会との深刻な摩擦は九州・沖縄では表面的には少ない。この原因については、東南アジアは植民地のプランテーション、鉱山開発要員としても移住民が必要とされ生産過程に関わる移住人口が多かったこと、堺や博多などの初期豪商が西日本の流通過程を支配しており東南アジアのように唐人が入りこむ余地は少なかったことなどがあげられる。

第Ⅳ期は鎖国以後、唐人の自由来往、滞在が認められなくなった時期であり、国内への唐人の来航は長崎に限定された。しかし海外との貿易は長崎のほかに松前口、対馬口、琉球口でも認められており、九州・琉球には三つの貿易ルートのゲートウェイが存在した。この三つの貿易口は幕府による厳密な統制が行われたが西南の諸藩にとっては大いなる関心事となった。この「秘かな活用」を最も巧妙かつ大胆に行ったのが薩摩藩である。蝦夷の昆布を富山薬売り商人を通して西回り航路経由で入手し、琉球口から清国に輸出して漢方薬など輸入した。南九州の港町は薩摩藩の管理、指示のもとで琉球貿易に活躍する船商の本拠地となった。

唐人町や港、その相互関係には以上のような形成時期や形成場所な

どによりいくつかのタイプがある。これよりそのタイプごとにみてみよう。

ゲートウェイの港と唐人町

　図1でみると九州には港と航路との関係から、複数の玄関口、すなわちゲートウェイが存在した。それらは沖合航路の分岐点や沖合航路と沿岸航路の分岐点にあたる港が存在する地区である。薩摩半島西南部から硫黄島、種子島にかけての海域、松浦半島・西彼杵半島・五島列島の海域、博多湾域、これに那覇から久米島周辺海域を加えた地区が九州・沖縄の代表的なゲートウェイであった。

1 ｜ 坊津

　鹿児島県の薩摩半島西南端の坊津は図1でみるように坊、泊、久志が複数の地理書に載っているように著名な港の連合体であった。また各方面との航路が形成されているように坊津は南九州のハブ的位置にあった。特に硫黄島で産出される硫黄の積出港として重要であった。近世の坊津は、坊、泊、久志、秋目の各浦から構成されていた。『元禄国絵図』によると各浦の港湾規模は表の通りである。各浦の港湾規模は異なり、その中では坊浦が最も大きい。坊では真言宗の一乗院を

表　坊津各浦の港湾規模

	広さ	奥行き	深さ	可能船舶数	停泊地の深さ	船繋ぎ風向き
坊	3町4間	12町	36尋	大船30艘	7尋	何風でも可
泊	4町	9町	31尋	大船10艘	5尋	西風不可
久志	4町7間	7町	21尋	大船20艘	3尋	西風不可
秋目	－	－	－	－	大船出入り無	－

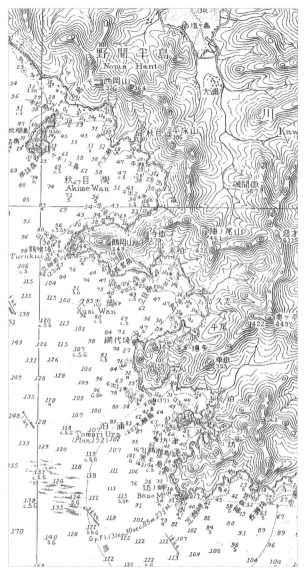

図3　坊津港付近海図（1902 年測量）

背後に控え森、鳥原、浜田、日高、長浜などの海商が軒を連ね倉が立ち並び、石畳や石管上水道、石橋など海商たちによる町づくりが行われた。中坊の深浦では造船や修理を行っていた。また泊浦の泊川中流には船鍛冶があり船に必要な金具類をつくっていた。『三国名勝図会』によると泊浦は「海浅くして大船を繋ぎがたし」とあり、湾奥は浅く大型船の停泊には適していない。また秋目浦も「深きこと僅に四尋にして、風濤高く、大船の安泊を得ずとぞ」とあり、坊津では坊が対外交易を行う大型船の停泊には向いている。

　　図3は 1902 年測量の海図である。各浦とも湾の中まで水深が深いが、坊浦は湾の中まで 30m 近い水深がある。秋目浦も坊浦ほどではないが同様の条件にある。これに対して泊浦や久志浦の湾奥は比較的浅い。これは湾内に流れ込む河川の数、規模が関係しているとみられ、前二者はその数、規

模が少ない。中世末から近世初頭は明治ほどではないにしても浦ごとの相違はやはりみられたと思われる。またそれぞれの浦の内部も水深、用途に応じて使い分けがあった。また図３でいえば、久志浦、秋目浦は久志湾、秋目湾を構成する浦の一つであるように、多様に分化している。久志湾、秋目湾は湾口が広く漂着船が入りやすい。

　表によると久志浦は坊浦に次いで大船の停泊可能隻数は多い。久志浦は久志湾の中で岬（鼻）によりつくられた内湾で避難港に適している。久志博多浦には唐人町や交易場があり、坊津の中でも対外交易に特化した特異な地域としてみられていた。中世においては坊、泊は河辺郡（なべ）に属したのに対し、久志、秋目は加世田別府（かせだべっぷ）に属し対外交易を重んじた阿多（あた）氏の支配下にあったことと関連があるともみられる。博多浦は特に貿易商人が多く、のちに回船問屋として活躍した重、中村のほか、入来、関、林、田中、森が海商として知られており近世には苗字帯刀を許されていた。また一乗院の勢力下にある坊津の中では、一向宗の信徒が多い地域である。関西から美々津（みみつ）、千野港（ちの）など日向灘の港を経て伝わった一向宗は、島津氏の支配下地域では徹底的に弾圧された。京都正光寺の末寺の久志今村の正光寺の廿八日講に代表される「隠れ念仏」が盛んであり、久志の中村宇兵衛により那覇の辻村の遊女街にも伝わった。久志の地形的な閉鎖性に加え、対外交易で遠方各地とのつながりがあり、船乗りが信仰したことが一向宗を盛んにした。文化的にも久志は坊津の中で特殊な地域であった。

　現在唐人墓跡という祠がある一帯が唐人町跡といわれており、石垣や石畳の道が残されている（図４左）。屋敷地は墓地を取り囲むように配置されているが、具体的な復原は今後の課題である。隣接の江篭潭（えごん）（たん）は潮の干満を利用した修理、造船もしくは避難用の港である（図４右）。ここには交易場があったとされ、交易場の姓も残る。江篭潭からは造船に従事した鍛冶職人が輩出され、奄美大島など各港に進出した。また中国の航海の神として、野間岳とともに久志と秋目の間に聳える今岳の今岳権現社が媽祖神を祀っており、唐人や琉球人の崇敬の

図4 博多浦。唐人町跡（左）と江籠潭（右、2000年10月筆者撮影）。唐人墓跡に向かう石畳の道の両側一帯に屋敷跡が残されている

対象となっていたことからみても、博多浦は唐人、海商ともに対外交易と直結し、坊津でも国際色が最も濃い地区であった。鎖国後、唐人は長崎に移住したといわれ唐人町は消滅した。なお現存する唐人墓は泊に亀甲墓（きっこうばか）の形で残っている。

2 │ 那覇久米村

　形成時期の第Ⅰ期にあたり複数の航路の分岐点で唐人町の形成も古いとみられる沖縄県の那覇久米村からみよう。久米村の存在が史料上確認されるのは『海東諸国紀』の「琉球国図」に九面里として記載されている。これは15世紀中頃である。この時期は琉球王国が中継貿易の貿易国家として発展した時期であり、那覇はその対外交易港としての機能、形態を次第に整えていた時期である。那覇は浮島と呼ばれており、本島から離れていた。本島との間には次第に砂州が形成されラグーン化した。久米村は対外交易に携わる商人や船員の滞在地であった。当初は一時的な滞在地であったが、次第に定着の傾向が強まったことはほかの唐人町と同様であったとみられる。しかし貿易の衰退とともに久米村も衰退した。島津征服後、久米村には貿易の復活が政策的になされ、琉球の中国への朝貢貿易だけでなく島津氏の間接

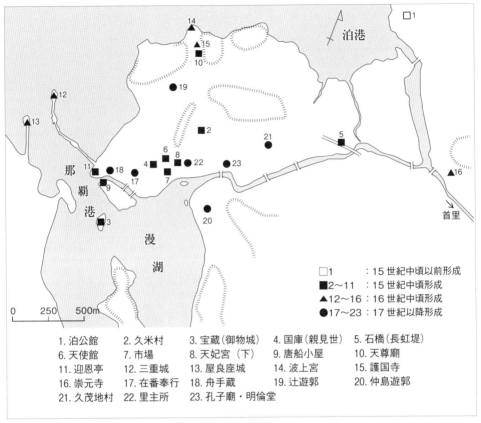

図5　那覇と港（海岸線は近世、巻末拙稿所収文献をもとに作成）

的中国貿易の担当として再生された。久米村の子孫だけでなく中国語が話せる者は唐栄籍という戸籍に編入された。鎖国後の島津氏が行った中国貿易の代替港としての琉球の貿易港・那覇の中で、南九州にあった唐人町群の再生の形で近世久米村は誕生したが、近世の久米村の形成には、かなり政策的要素が強く働いている。

　かつて本島から離れていた那覇は、15 世紀半ばに長虹堤<ruby>長虹堤<rt>ちょうこうてい</rt></ruby>が建設されるまで不便で泊港が主要港であった。大島、宮古・八重山諸島からの船が入港したのは泊港であり、泊御殿や公倉があった。長虹堤がつくられ那覇が本島とつながり、那覇に港が開かれて以後、泊港は本島、

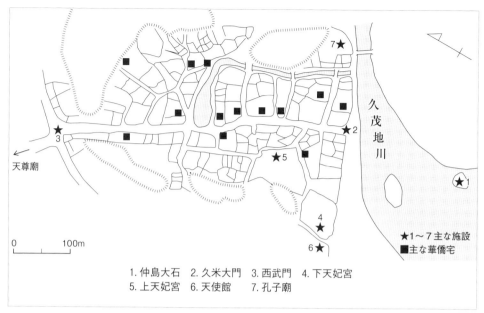

図6　久米村（図5と同じ文献をもとに作成）

久茂地川

天尊廟 →

3

0　　　100m

★1〜7主な施設
■主な華僑宅

1. 仲島大石　2. 久米大門　3. 西武門　4. 下天妃宮
5. 上天妃宮　6. 天使館　7. 孔子廟

属島の船舶の港となった。これは三山統一の頃であり那覇は琉球王国の対外交易港として建設され、泊は対内的な港として明確に分けられた。尚真王時期に那覇に貿易公館である親見世や貿易倉庫の御物城がつくられ対外交易港としての機能を充実させた。久米村はこの頃に那覇村の外に形成された。久米村の北には福建から天尊廟を移築した。倭寇の襲来に備えるため三重城などの防御施設や唐人の航海守護神を祀る天妃宮もつくられた。琉球王国が東シナ海から南シナ海にかけての中継貿易に重点を置くにつれ那覇は貿易港としての形態、諸施設を充実させていった。久米村を含む那覇は首里の外港であり、港の防御施設、倉庫、使節の滞在施設、市場が備わった大規模な港町であった。近世には島津氏の間接支配のもと、中国への朝貢貿易で栄え久茂地村の建設など都市化も進んだ（図5）。

　久米村は『海東諸国紀』に「中朝人来居者三千余家、拐築一城処之」とあり集落に土塀を廻らしていた。『李朝実録』巻一百四成宗十

年五月辛未には「唐人商販来、有因居者。其家皆盖瓦。制度宏麗、内施丹艧、堂中皆設交椅」とあるように瓦葺や丹艧を施した中国風の家が建っていた。また久米村は風水による最も中国的な集落形成がなされたとみられる。琉球に風水が本格的に伝わったのは王府が国家体制の整備を進めていく17世紀半ばとされている。しかし、久米村形成の頃から福建人により風水の知識が集落立地などに使われたものと思われる。17世紀半ば以降、琉球の風水による国土計画は、蔡温に代表されるように久米村人が専門として担当したが、そこで再び風水見が行われ植樹や建物の配置などがなされたとみられる。

　小禄の山々が絵をかく絹地で奥武山を机で仲島大石を文筆峯とし、この大石の筆で一気に龍身を描いたのが曲線の形をした大通りの姿であるという。龍の尾は久米村北方の天尊廟までくねりながら続くとした。大通りの南北端には門があり、牌楼があったらしい。南の大門の前の海中には屹立する巖があり龍頭の龍珠になぞらえてあった。大門前の両脇に植えたガジュマルが龍の髭でガジュマルの下に一対の石をおいて両眼とみなした。大通りから行き止まりの横道が龍の四肢であるという。大通りの東側は小さな入り江があり久米村の風水を助けたものとされている。久茂地川にかかる泉崎橋の西には大石が二つあり流れを緩やかにしていた。周囲を丘陵に囲まれ東南方向に空いた地に集落を形成し排水、交通を兼ねた水路を集落の前面と端に廻らした典型的な集落風水である（図6）。中世には貿易、商業を主体とした一般的華僑街であったが、近世には琉球王朝の朝貢貿易業務を担当する官僚居住地区だったとみられる。

　福岡市が面する博多湾は古代から日本と大陸との交流の役割を果たしてきており、九州のというより日本のゲートウェイであった。鴻臚館や志賀島など交流の拠点も複数存在した。日宋貿易が行われた頃、

図7　福岡城下の唐人町（2020年12月撮影）

　博多湾には博多、津屋崎、姪浜などに唐房と呼ばれる唐人の居留地が形成された。中でも、かつて那ノ津と呼ばれた博多の唐房は大唐街ともいわれ、日宋貿易の時代に謝国明や張光安などの唐人で綱首と呼ばれる有力商人が博多商人の源流として博多港町の基礎を築いた。元寇のとき博多は戦火にみまわれるが、室町時代になると日明貿易をはじめ朝鮮貿易、琉球貿易、また琉球を介した南蛮貿易を行うゲートウェイ港として栄えた。当時の博多の繁栄は『籌海図編』や『海東諸国紀』をはじめ宣教師報告にも記録され、坊津とともに三津の一つとして日本を代表する対外交易港であった。この時期は日本人海商が中心の初期豪商が活躍したが、唐人商人も対外交易に数多く参加したとみられている。のちに博多ではなく福岡に城下町が形成されたときに唐人町の名称が登場するが、福岡藩の下級武士の町を東西に貫く唐津街道沿いに商家が自然発生していったものである（図7）。具体的な唐人の存在は確認されていないが、古くから唐人と深い関わりがあった博多、福岡では、舶来を中心としたおしゃれな商いをする町という意味で唐人町という名称が使われたのかもしれない。

　松浦半島から西彼杵半島、および五島列島にかけての港は本来的に

は博多への航路の中継港としての性格があるが、後期倭寇および倭寇との密接な関係がある領主、複数のキリシタン大名などの存在とキリスト教の普及、南蛮貿易の影響により坊津や博多とはまた異なったゲートウェイであった。また五島列島は遣唐使船の南路の航路上にあり遣唐使船の廃止後も日中間の貿易路の中継点として利用されてきた。その五島列島の福江島に領主の宇久盛定の招きもあり拠点を置いたのが後期倭寇の代表的人物である王直であった。松浦隆信に招かれ対外交易に重点を置くため一時期、平戸に拠点を移すが、明の海禁政策を受けて海賊行為に戻るため再び福江に拠点を戻す。福江には唐人町の地名が残り王直の居館跡や明人堂、王直が掘らせたという中国式の六角井戸がある。

　平戸で王直が住んだ印山寺屋敷は中国風の建物で広大な敷地であり、その周辺に部下、使用人をはじめ、多くの唐人が居住していた。平戸に来航する唐船や南蛮船を目当てに京・堺の商人も多く集まった。福江に戻った王直が明に投降し処刑されたのち、平戸では福建省泉州出身の李旦が活躍した。平戸に置かれたイギリス商館との関係が深く中国とイギリスの貿易仲介業を行っていた。鄭成功の父親である鄭芝龍も平戸に拠点を置いていた。貿易商だけでなく大工、花火師など様々な職業の唐人たちが居住していた。印山寺屋敷の近くの木引田町に唐人町はあったとされている。

　唐人支配下にある平戸港に対して、不満を持っていたポルトガル商人やイエズス会は平戸における唐人との抗争をきっかけとして、またキリシタン大名の大村純忠の招きに応じて開港した西彼杵半島の北端部にある横瀬浦に移っていった。南蛮船が多く集まるようになりポルトガル人居留地ともいわれた横瀬浦に対して、唐人商人や松浦氏、大村一族の反純忠勢力が反感を持ち、開港から1年後に焼き討ちされ集落は灰燼に帰した（安野1992）。その後、ポルトガル商人やイエズス会は大村領である福田港を経て最終的には長崎を開港させる。

　ここにみられる一連の動きは、ポルトガル商人やイエズス会からみ

たゲートウェイの新たな選定の動きである。それは元々倭寇である北部の王直派、南部の徐海・陳東派の影響下にあった南九州の旧来の二つのゲートウェイおよびそこの港、航路、唐人町、商人、領主とは異なった場所を探すことでもあった。そしてそこをハブとして新たな航路を集約し対外交易、布教の拠点とする計画であった。それは長崎という新しい港の開港で形を成そうとしていた。

　以上の港や唐人町が属したゲートウェイは、織豊政権の成立と展開のもとで、九州の玄関口から次第に畿内の玄関口としての性格も持つようになっていった。そして最終的には徳川政権下で長崎口、対馬口、琉球口として、日本の玄関口として再編されることとなった。

湾口の港と唐人町

次に、上記のゲートウェイから延びる沿岸航路沿いの港と唐人町をみよう。それらの中で内湾の入り口にある例から取り上げる。

1 ｜ 口之津

口之津は有明海の入り口の島原半島最南端の早崎半島に囲まれた湾の奥にある。湾は早崎半島が砂州によって島原半島につながってできたラグーンである。唐人町のあった付近はさらに砂州によってラグーンとなった入り江であったと推定できる。有明海の咽喉にあたり潮待ち、風待ちの港であった。明治になり有明海奥の三池炭田の積替・積出港となったことからも深度の深い良港であったことがわかる（図8a、b）。

キリシタン大名の有馬氏が設置した唐人町はポルトガル人を中心としていたのでポルトガル船の来航が多かっ

図8a　明治の口之津（1903年発行5万分の1地形図）

図8b　唐人町前の干潟（1998年3月撮影）。唐人町が面していたラグーンは干潟化し、現在は公園として整備されている

図9　南蛮船来航の地説明板（1998年3月筆者撮影）

た。設置されている「南蛮船来航の地」の説明（図9）にあるように有馬義貞が1562年に南蛮貿易のために口之津港を開港、以後ポルトガル船や宣教師が来航し約20年間にわたって、肥前、有明海、天草方面を代表する南蛮貿易港、キリスト教布教の中心地としての役割を果たした。有馬義貞は1576年に洗礼を受けキリシタンとなった。弟の大村純忠、子の有馬晴信もキリシタン大名として有名である。有明海沿海地方の対外交易の中継や布教の拠点としての役割を果たした。

2 ｜ 山川

　大隅半島の根占とともに鹿児島湾の入り口にある山川は薩摩半島の東南端にあり、内湾の喉もとを押さえる重要な位置にあった。砂嘴が湾口に大きく延び外洋の波を防ぐことから古くから避難港としても利用されてきた。また砂嘴の形状が鶴の嘴に似ていることから鶴の港と呼ばれてきた。南北朝時代の1342年に南朝方の懐良親王が山川港に上陸したと伝えられ、1390年、再建された臨済宗の正龍寺が外交文書の授受を担当した。中世は頴娃氏の所領であった。1522年には頴娃氏により熊野神社の修復が行われた。1546年にポルトガル人のア

ルバレスが来航して山川港について記述し、1549年にはザビエルが山川港に上陸し、小船に乗り換えて鹿児島に向かったといわれている。根占と同様に中国商人とポルトガル商人との争いがあったことからも重要な対外交易の場所であり、軍事的にも重要視された。天正後期には島津氏の直轄領に組み入れられ、外国船の接待や取引は島津氏が管轄するようになった。

　坊津に代わり鹿児島の外港、軍港として発展し、鎖国後は琉球貿易の拠点港となった。地頭仮屋が置かれ周辺には郷士の武家屋敷がつくられた。現在の格子状の道路の形態は麓集落（82ページ参照）時代につくられたとみられる。しかしほかの麓集落同様、全ての道路が直交しているのではなく三叉路も多い。港地区には奄美諸島からの砂糖などを収蔵した蔵を有する海商屋敷が並んだ。この地区は薩摩藩の藩法上、麓地区に対して浦町となった。浜におろされた黒砂糖などの物資は石段の上に建てられた倉庫に運び込まれた。この砂糖蔵を中心とした豪商の屋敷には、河野家、日高家、佐々木家などがあり、いずれも浜に面した広い屋敷地を保有していた。中でも中心は河野家である。河野水軍の流れを汲む河野家が山川に来住したのは元禄年間（1608－1740年）で、奄美からの黒砂糖の買い上げや琉球貿易に力を入れ始めた薩摩藩の海上船舶事業の中心的人材として招かれた可能性が高いという。浦町の中で最も広い屋敷、倉庫を持っていたのは河野家である。現在は屋敷跡に二十数メートルしか残されていない山川石の石垣はかつて100mもあったという。港町の特徴の一つとして、航海、漁業関係者の信仰の中心である熊野神社の献塔には海商、豪商の名前がみられる。

　ここで大正年間の海図（図10）をみよう。山川湾は火口地形のマールに海水が流入してできた。そのため湾内は20から26尋（約36mから48m）の深度で、現在造船業が湾奥に立地している要因の一つとなっている。しかし湾口の付近は火口壁があった部分で大正年間当時は深度が3尋（約5.4m）しかなく、その南北は鵜瀬、貝殻瀬

図10　山川港及付近海図（1913年測量）

があり干潮時には岩礁が姿をみせる難所である。近世においても3尋
は300石船が積荷満載時のぎりぎりの深度であり、入港に至っては注
意が必要であった。図10にみえる番所鼻から湾内の港付近は20尋
（約36 m）の水深が10尋（約18 m）になり、そこから急に浅くなっ
ている。これは番所鼻を突端とする砂州の砂が湾内に入り堆積した場
所で、中世の末頃は、砂の堆積は大正年間よりまだ少なかったかもし
れないが干潮時の航行には注意を要する。ザビエルが上陸したとされ
る地点の湾奥は海岸近くまで水深が深く、大型船の停泊には適してい
る場所である。海図にみえる山川の集落は水際線に沿って街屋が形成
されているがこれは近世以来の海運関係の業者の倉庫や屋敷が並んだ
浦町地区である。その背後は家屋が点在しているが、これは麓集落で

あり武家屋敷が点在している地区である。

大正年間にはカツオ漁業の基地として隆盛に向かい 1922 年に乙種港湾に指定された山川港は 1932 年から 1936 年にかけて、浚渫、埋め立て、護岸工事などの工事が行われ、

図 11　唐人町界隈の説明碑（2010 年 7 月筆者撮影）

湾内の水際線が現在の姿となり、500 トン級の漁船の係留、荷役が可能となった。築町はこのとき埋め立てられたものである。明治以降の山川の商業の盛衰は、この漁業の盛衰と密接な関係があった。埋立地区の海岸沿いに形成された魚市場や漁業関係施設、鰹節製造業施設の裏側の、近世には蔵が立ち並んでいた地域に隣接する形で明治以降に形成された商店街である本通りの売上は、まさしく漁業の水揚げ高に左右された。

唐人町は現在の正龍寺に隣接して存在した。現在の正龍寺は、明治の廃仏毀釈により廃寺となった旧正龍寺の跡地に 1906 年に再興され、1910 年に移転してきたものである。この付近の筋は唐人町通りと呼ばれ明治の頃まではにぎわっていたという（図 11）。

唐人町通りに交わる形で「お蔵筋」と呼ばれた筋が浦向港まで延びていた。ここも砂糖蔵が多かった地区である。ザビエルが上陸したという浦向港から唐人町、旧正龍寺の付近が中世の頃から対外交易が中心の港町であり山川の核であった。近世になり琉球貿易や奄美諸島の砂糖交易が発展するにつれ、「お蔵筋」には蔵が建ち並んだ。

唐人町には後述する国分唐人町のような短冊型の町割りはみられず、唐人の子孫も確認はできない。当初の中国系から次第に琉球からの来住者に変わったとみられる。旧正龍寺墓地には琉球人墓がある。琉球

図12　石敢當（2010 年 7 月筆者撮影）　　図13　石散當と石敢當
　　　　　　　　　　　　　　　　　　　　　　（2010 年 7 月筆者撮影）

からの影響はほとんどの三叉路にみられる石敢當にある。直進する性
質を持つといわれる魔物を防ぐ役割の石敢當の数は南九州で最も多く、
琉球貿易の玄関口としての特徴がよくあらわれている。唐人町の近く
にある石敢當は山川でも建立時期が古い（図12）。また石散當のよう
に「散」の文字が使用されている例も多い（図13 の左側）。これは文
字通り疫病や悪い気を石散當に当てて散らすという意味を強調したも
のである。図13 のように同じ場所に 2 個立っている例も複数ある。
新しい方は地元のふるさと産品開発施設が 1990 年代に港町の三叉路
に新たに複数設置したものが多い。港町のほとんどの三叉路には戦前、
石敢當ないし石散當があったが戦争中の度重なる空襲により消失した
ものもあったため、その分を復活させる目的であった。古いものは地
元の山川石が使われている。山川には琉球を通した中国の石文化の影
響が色濃く残っている。

3 ｜ 根占

　大隅半島の根占は対外交易に力を入れた禰寝氏の本拠地である。第
15 代禰寝重就の時代に雄川河口に港がつくられ、16 代重長の時代に
対外交易が盛んとなり中国船や南蛮船が来航し唐人町が形成された。

雄川河口を少し遡った塩入橋のたもとに南蛮船を係留したという大楠があり、宝暦年間（1751－64年）の絵図にはその付近まで大船が上航している様子が描かれている。また唐人町、大工町の名が記されている。大工町は船大工の集団居住地であったといわれている。

1560年、先に来住していた華人系唐人と新たに交易を求めてきたポルトガル人との間で争いが生じている。禰寝氏は平家水軍の残

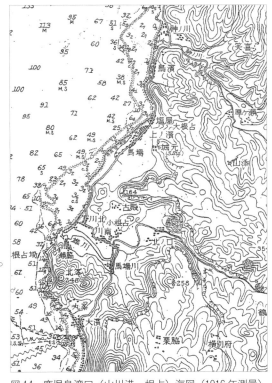

図14　鹿児島湾口（山川港、根占）海図（1916年測量）

党であるといわれ後期倭寇の主要な勢力の一つであった。対外交易には自らの一族をあたらせるほか、河内から移住してきた磯長氏（しなが）などの外来商人にも中国貿易や南蛮貿易を推進させた。戦国時代の禰寝氏の軍事的活躍はこれらの対外交易で得た富がその背景にある。1595年、島津氏の支配下になった根占では指宿（いぶすき）の海運業者の濱崎一族の高崎氏が移住し南蛮貿易や密貿易にあたり、また唐通詞が置かれ対外交易港としての機能は失われていないが、唐人町の動向は不明である。

図14は大正年間測量の海図である。雄川の河口の砂州に囲まれたラグーンに形成された根占港は、亀の形に似ていることから亀の港と呼ばれ、鶴の港といわれた山川港と鹿児島湾を挟んで対照的な位置にある。対外交易が盛んであった頃の雄川河口は広いラグーンであった

とみられ、その後、雄川の上流から大量の砂が河口に堆積し続けたため砂防堤で雄川の砂の流入を防ぐことにより港の維持を図った。

　湾口に形成された港や唐人町は、湾の内外を結ぶ中継地として交易上、軍事上重要な役割を果たした。それだけに海商間、領主間の争いの舞台になりやすかった。

沿岸航路の港と唐人町

　ここから沿岸航路沿いの港と唐人町をみよう。まず九州西岸から事例をみる。

1 ｜ 伊倉

　熊本県北部の玉名市にある伊倉の唐人町は古くは伊倉荘とその支配に関わった菊池氏、さらに加藤清正の対外交易と関係がある。古い港は丹倍津といい菊池川の支流である唐人川に面した港である。港の背後の丘陵性の台地に町場が形成されていた。伊倉八幡宮を中心として惣的結合のみられた地域で水夫衆も多く、近隣の高瀬津とともに自治機能を有した菊池川下流域の重要な対外交易港であった。伊倉には唐人町に関わる唐人の墓がある。一つは四位官郭公墓（図15）である。墓碑によると郭公の出身は福建省海澄県の三都澳である。華僑の輩出地である。明の官僚であったらしく明末官僚から商人に身を投じて来航した。同じ伊倉の本堂山に墓がある振倉謝公や隣接の天水町部田見

図15　四位官郭公墓とその説明板（2008年4月筆者撮影）

図16　船繋ぎの銀杏
（2008年4月筆者撮影）

図17　キリシタンの墓（2008年4月筆者撮影）

に墓のある林均吾も同じ頃に移住した唐人で朱印船貿易と関係があった。唐人町の形成はこれらの明人と深い関係があるとみられる。伊倉荘が下地中分により南北に分かれていた頃、伊倉も北八幡宮と南八幡宮がそれぞれの中心として分かれており、港も台地の南北にあった。隣接する高瀬が国内交易で発展するのに対抗して、商人層が中心となり南北の町場を下地中分線に沿って統合し、その西端の台地縁に唐人町が形成された。唐人町にある唐船の船繋ぎといわれる銀杏の大木は統合のシンボルであったという（図16）。伊倉にはキリシタンの墓もありキリスト教の布教の拠点でもあった（図17）。

　伊倉には18世紀後半に作成された絵図があり、唐人町を含んだ中世から近世の伊倉の町場の居住がわかる。現在、唐人川が流れている付近は、当時は有明海にかなり近く、唐人川を若干遡った台地の上にある唐人町の下付近にあった河岸が港であったと思われる（図18）。また当時の唐人川はかなり川幅が広く水上交通として利用しやすかった。菊池氏や加藤清正の支配のもとで高瀬が国内交易中心となったのに対し、伊倉は対外交易に特化した。町は東西に走る本町通りを中心として形成され、そこからいくつかの筋町が伸びている。各通りの端には冠木門が置かれ、唐人町は本町の西の冠木門の外に形成されてい

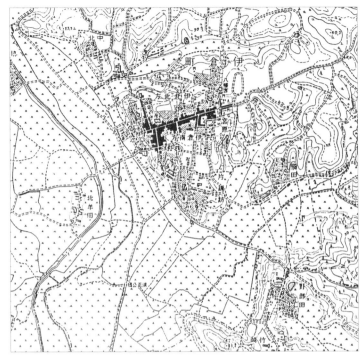

図18　明治の伊倉（1902 年発行 2 万分の 1 地形図）

る（図 19）。本町に比較して唐人町の屋敷は狭く、また台地下の北牟
田に三官という小字があり唐人屋敷があったとされている。伊倉の唐
人町にも隣接して鍛冶屋町がある。鍛冶屋町の一角には唐人の四位官
郭公の墓がある。刀鍛冶は菊池氏ついで加藤清正が重視し刀類は当時
の主要輸出品であった。対外交易港にある鍛冶屋町は造船関係だけで
なく、当時の主要輸出品であった刀の生産にも従事していたとみられ
る。加藤清正の時代に菊池川、唐人川の河口一帯の干拓が進み、対外
交易港の機能を失った伊倉は近在の商工業の中心地となった。

図19　近世の伊倉（『玉名市史資料編1 絵図・地図』[1993]を参考に作成）

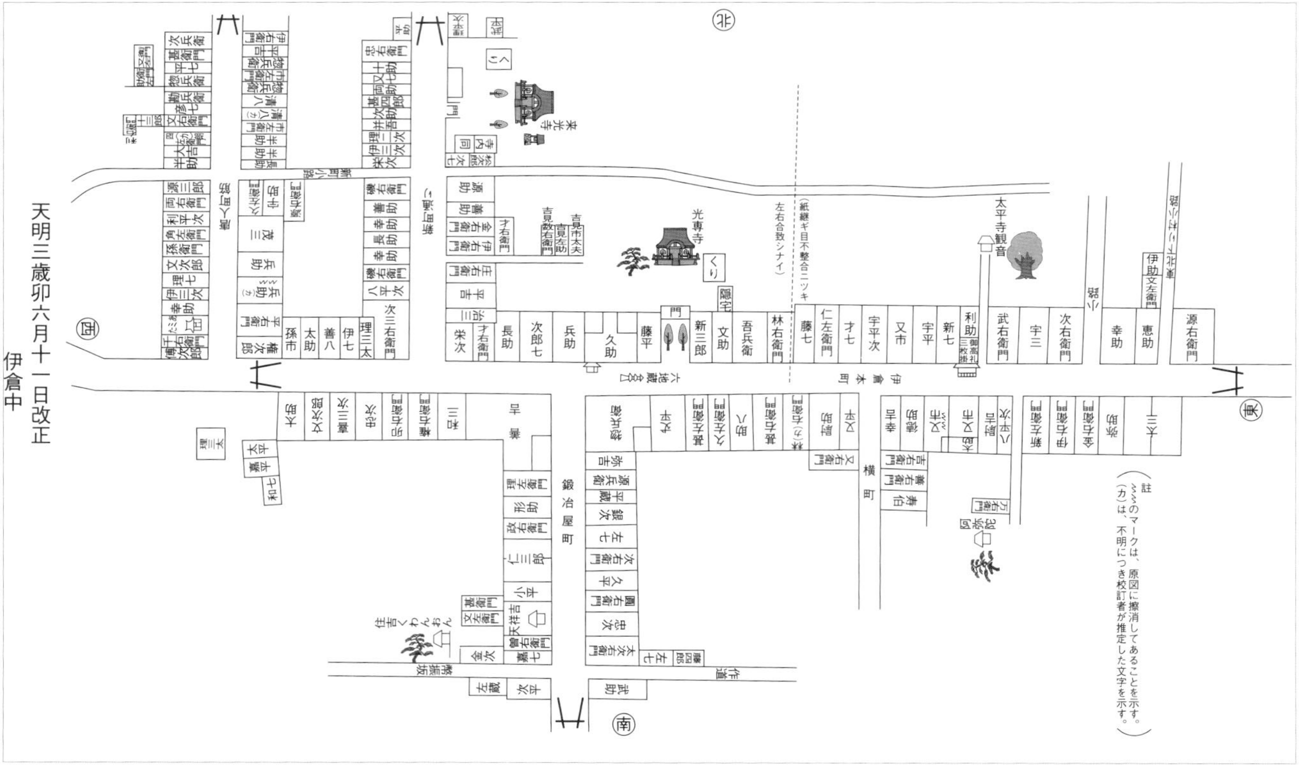

天明三歳卯六月十一日改正
伊倉中

　中世の河港で最も多いのが河口のラグーンに立地する港である。薩
摩半島の西部にあり、東シナ海に面する市来は八房川と大里川の河口
にあたり、吹上浜の砂丘が砂州となって内側に形成されたラグーンを
入り江として利用している。『元禄国絵図』では八房川の左岸でのち
に塩田化したところまで入り江となっており薩摩半島西海岸の主要港
であった。唐人町は湊村にあった（図20）。市来は鶴丸城を中心とし
た市来氏の本拠地の外港として形成された。本拠地の鶴丸城との関係
をみると大里川下流域に船着場があったとみられる。その付近には近
世、湊村があった。図21ａは『元禄国絵図』に記載の湊村付近図で
ある。大里川は海に直接出ているが、出水街道は大里川と八房川の間
の砂州上を通っている。この砂州は大里川、八房川、沿岸流が運んで
きた砂により形成され、この砂州が八房川河口を塞ぎ、ラグーンを形
成していた。

　図21bは1948年撮影の空中写真であるが、唐人町はこのラグーン
に面する位置にある。唐人町が形成された中世後期はこのラグーンが

図20　明治の市来（左、1909年発行5万分の1地形図）と中世の市来（右）

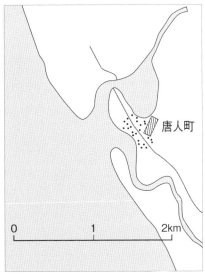

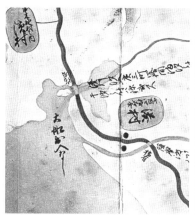

図21a 『元禄国絵図』薩摩国
（国立公文書館デジタ
ルアーカイブより、一
部拡大）

八房川

唐人町

大里川

図21b 国土地理院空中写真
（1948年、一部改変）

停泊地として機能していた可能性がある。『元禄国絵図』にはラグー
ンについて「港川、汐入、広三町四拾間、満汐之時深五尺、干潮之時
ハ深二尺」とあり、元禄時にはすでに大船の停泊は困難であった。こ
の初期の港は、八房川の砂の堆積により次第に使えなくなり、砂州の
西側の河口側に港が移ったと推定される。そのため近世の港は大里川
に面した水際が利用され、近世の港町としての湊村は砂州上に形成さ
れた。浅くなったラグーンは塩田化した。大里川との共通の河口には
吹上浜の砂丘の延長としての砂州が延びる過程にあり、河口自体がラ
グーン化しつつあった。近世以降はここが港として機能した。大正年
間に鹿児島本線が開通するその前後の頃までに河口の砂の堆積が進み、
近代的大型船が入港困難となった。1948年の航空写真によると近世
の荷揚げ場があった付近は、大里川の沖積作用により砂の堆積が進展
していたことがわかる。現在は桟橋を兼ねた突堤が河口に向かって伸

図22　市来港の突堤（2012年8月筆者撮影）　図23　唐人町付近（2012年8月筆者撮影）

びている（図22）。

　市来の唐人町（図23）の形成時期に関しては、15世紀初頭、市来氏が朝鮮、明との交易を行っていたことからみて、かなり古く形成された可能性もある。しかし中世前期に形成されたのは一般的に唐房、唐坊と呼ばれたことからみて、中世後期の後期倭寇の頃、唐人系の江夏氏の来住により形成されたとみられる。『列朝制度』巻五十九の延宝8年（1680）頃の「諸浦御奉公並万上納物之定」によると市来の浦の人口は、唐人町109人、町282人、港321人である。また市来には野町用夫が割り当てられており、近世の市来港は浦町、野町から構成されていたが、実際には浦町、野町が混然一体となった状況であったとみられる。近世の鎖国後は、対外交易は禁じられた。しかし、中世の対外交易港であった南九州の港では、密貿易が行われた。市来も公的・非公的な物資の集散地であった。

　中世の市来港は八房川のラグーンが中心でラグーンに面して唐人町があり唐人町から大里川方面にかけての道沿いに集落が形成されていたのではないかと思われる。中世の末期から近世初頭にかけては八房川のラグーン内に停泊した対外交易の船を管理したのが唐人町であった可能性がある。町場としての形態、規模などは不明である。中世の道はラグーンに沿った水際線に平行しており、次第に成長する砂州上

図24　近世の浦町が発達した砂嘴上の通り
　　　（2012年8月筆者撮影）

にも道が存在したが、砂州上に町場が発展するのは近世中期以降ではないかとみられる。

　砂州上に形成された道の先には八房川を渡る渡し船があり近世になって橋がつくられた。ラグーン内が次第に堆積する川砂で浅くなって港として使えなくなり砂州の西側に停泊地が移動するにつれ砂州上に近世の町場が形成された。図21aはこの時期であり図21bの空中写真でもわかるように大里川と海との間に砂州が形成されていき、大里川と八房川の合流地点に新たなラグーンが形成され大里川に面した砂州が近世の港となった。ここに本格的な町場が形成され繁栄したのは文化・文政の頃（1804－30年）である。近世の町場は鍵型に街路が屈曲していた。町場の中心は松下町から祇園町までの直線街路区間で、東端には大黒の石像が、西にはえびす石像が置かれた。西端には1812年に八坂神社が建立された。八坂神社は商売の神として商人の信仰が厚かった。この鍵形の町場は、1889年、国道が直線状に開削されるまで続いた。前述のように市来は浦町と野町から構成されていたが、宿屋、馬車屋がある松下町から内門が野町に相当し、回船問屋がある砂州上の集落（図24）が浦町であったとみられるが、明確な区分はできない。国道の開通以後は、国道沿いに立地する商店が増加した。

　近世から明治中期までの鍵型の町並みが町場の景観を現在に残している。八坂神社の建立とともに始まったといわれる祇園祭りでは唐人町の出し物として漢林王囃という唐人踊りが演じられていた。これは唐人町の江夏某が長崎に商用で行った際に見聞したものを唐人町に伝

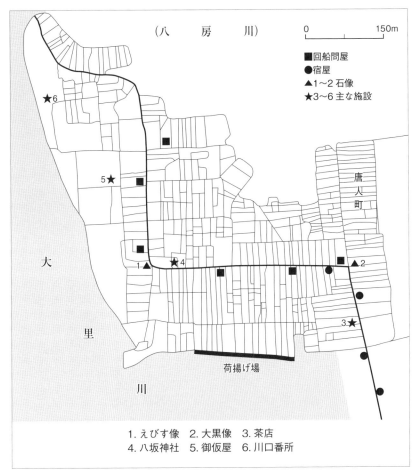

図25　近世市来の町場（旧字図・地籍図による復原）

えたものだといわれている。長崎での中国貿易に、市来からは唐人系の子孫が関わっていたことを示している。

　この時期の町場の形態をみよう（図25）。鹿児島方面から近づくと、茶店がある。大黒様の石像がある島問屋の前を左に曲がると町場の中心街である。入り口の右側には回船問屋がある。少し行くと回船問屋がありそこから製油屋や焼酎製造兼酒屋ある。味噌、醬油、砂糖を扱う店の前には荷馬車業を営みながら芝居小屋、回り舞台を営んでいる

店がある。ここを過ぎると回船問屋がある。町場の西の右端には八坂神社がある。突き当たりにえびす石像がある。左側の大里川沿いには回船業者の荷揚げ場があり、市来港の港湾施設である。えびす石像がある一帯も市来を代表する商家の若松家の広大な回船問屋がある。荷揚げ場をはじめとして回船問屋は各自の船の係留場所を有し、その意味では近世的な港町の形態の特徴があらわれている。回船問屋の隣は御仮屋があり市来港の政治の中心である。またいくつかの回船問屋がある突き当たりを左に曲がると川口番所がある。この番所は異国船の監視を主とした目的で薩摩藩の主要な港に置かれた。ここを過ぎると石灰を売る店があり、町の外になる。このような町場の構成は少なくとも1889年、国道が直線状に開削されるまで続いたとみられる。

　文化・文政の時期の市来の繁栄の裏には密貿易がある。当時の密貿易の側面を知る資料として『長崎犯科帳』がある。対外交易が許された長崎港の長崎奉行所の裁判記録である。薩摩藩関係では抜荷（ぬけに）（密貿易）関係が最も多い。市来出身者は抜荷容疑関係が5件で9人、漂流関係1件で1人である。摘発されたのは船頭であり、近世の市来の主力産業であった回漕業関係者である。摘発されたのはごく一部とみられ、浦町のほとんどの回船問屋関係者が密貿易に関わっていたらしい。犯科帳にあらわれる市来に関する事件の年代は、寛政（1789−1801年）から文化・文政に集中している。犯科帳にみられる他国から市来に来て捕らえられた者は、肥後、肥前、日向などの九州から周防（すおう）、越中などにおよんだ。また市来で仕入れた品物には、たばこ、木茸（きのたけ）、種子油、鰹節、黒砂糖など薩摩、薩南諸島の物産のほかに、蘇木（そぼく）、桂枝（けいし）、山帰来（さんきらい）、朱、龍脳（りゅうのう）、鼈甲（べっこう）、広東人参、麒麟血（きりんけつ）、藤黄（とうおう）、肉豆蔲（にくずく）など中国南部から東南アジアにかけての広範囲な地域での唐薬種を中心とした物産があった。販売先は長崎、長州、泉州などであった。市来で彼らが販売した物は、麦、米、大豆、木綿、小間物などで、直接産地で仕入れた物もあれば他国の船から仕入れて持ってきた物もあった。国際的な中継貿易港といってもいいぐらいの密貿易の拠点として機能して

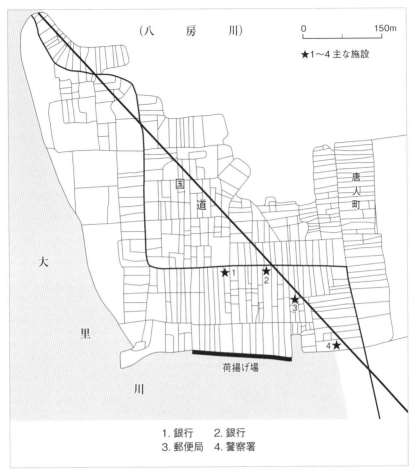

図26　明治期市来の町場（旧字図・地籍図による復原）

　いたことがわかる。港町で開催されてきた祇園祭の起源は文化・文政
の頃であると言い伝えられてきた。市来が最大に繁栄したのはこの頃
である。公的な物資の集散だけでなく、密貿易による経済的繁栄が祇
園祭の興隆の背後にある。
　近世から明治前期にかけて市来港は繁栄した。1889年、国道が開
通したが、この頃から、河口の砂の堆積が進行し大型船の入港が困難
となり、港の機能が衰退を始める。国道の開通後、国道沿いに新たな

町場が形成され始めた。警察署や郵便局などの公的施設のほか、銀行、洋服屋、さらに馬車屋が立地した。旧来の町場にも銀行や時計修理店、煙草専売所などが立地し、近代的な町場に変化しつつある（図26）。しかし陸上交通の発達と、近代的大型船舶に対応できない港の衰退により、町場からはそれまで中心的な存在であった回船問屋が次第に姿を消していった。河港に面して最も広大な敷地を有していた若松家の回船問屋も西村寺に代わった。ほかの回船問屋も近代的業種に代わり、港町としての機能や景観は消えていった。1913年には鹿児島本線が建設され、市来駅ができるが、町場から1km離れた田園につくられ、町場とはつながっていない。鉄道駅と連担しなかったことが町場の衰退に拍車をかけた。陸上交通に重点が移る中、1928年串木野港の築港の完成以降、遠洋漁業を中心とした漁港としては串木野港が大きくなったが、現在でも六十隻余りの漁船から構成される市来漁協があり魚の直売市場がある。ただ近世の港町としての遺構をさぐることは困難となっており、歴史を生かした町づくりが課題となっている。

　市来氏の拠点の鶴丸城の外港として、ラグーンに面し唐人町を核とした市来港は中国、朝鮮との対外交易港として発展した。近世の文化・文政の頃、ラグーンを構成していた砂州上に密貿易を中心とする新たな港町の形成がみられた。南九州にはこのような発展過程を辿る例が少なからず存在する。

3 ｜ 加世田小松原

　ここでは坊津よりも早くから対外交易港が形成された可能性がある鹿児島県の薩摩半島西岸に位置する南さつま市の加世田小松原（図27 ②）をみよう。加世田小松原の当房（図27 ③）が唐房であり、付近の唐仁原や当房園とともに在留中国人を中心とした対外交易関係住民の居住地であったことは著名である。図1には出てこないが、当房という名称から中世前期には対外交易が行われていた可能性がある。

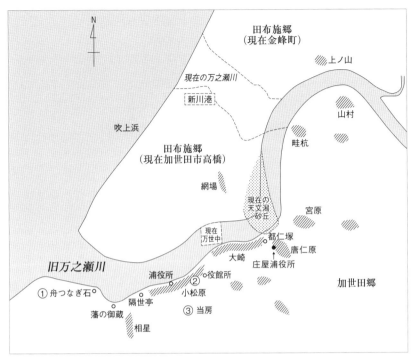

図27　1802年以前の小松原地区（『加世田市史』上巻［1986］所収図を参考に作成）

万之瀬川はかつてこの地区を流れ、河港としての対外交易港があった。この港は1802年の大洪水による河川の流路変化まで、港として機能していた。流路変化後は、新河口の新川港に移った。万之瀬川河口は中世以降、明治初期まで薩摩半島の重要な物流、交通の拠点として機能した。しかし小松原は1803年以降、港の機能を失ったいわば幻の港である。中世前期に成立したといわれる当房は小松原の東側の丘陵にかけての地域であるが、その実態は不明である。

　河口近くにあるのが舟つなぎ石である（図27①）。当時の川岸にあったとみられる。次に河口を少し遡った地点の近く、海抜17mの丸塚山の麓に役館所があった。丸塚山に監視所を設け、その下の役館所に役人を置き、密貿易を監視させたといわれる。旧万之瀬川は加世田郷（川辺郡）と田布施郷（阿多郡、1897年に日置郡と統合）の境

界になっていた。1802年の大洪水による河川の流路変化以降、旧河道が砂丘からの飛砂により次第に埋まり陸地化したのに伴い、加世田郷と田布施郷の境界碑を郡境塚として旧河道の真中に建てた。

小松原の繁栄を象徴する商家に鮫島家がある。鮫島宗政、宗行の兄弟は秀吉の朝鮮出兵に従軍し海外の事情に目を開いて帰国した。その後、宗政は士分を捨て家督を弟の宗行に譲って貿易商となった。そして権現丸、伊勢丸の2隻の大型船を建造し、小松原を根拠地にして中国との対外交易を始めた。宗政は小松原の倉地に広さ1町8反（約180ha）の広大な屋敷を構えた。子孫は7代続き、9代目の尚信は初代のフランス公使を務めた。小松原は鮫島家を中心に繁栄した。

1802年の流路変化後は、新河口の左岸が港として機能し始めた。この新川港は明治初期、薩摩半島の最大の港として機能した。それに伴い新川港に近く小松原に隣接する大崎地区が小松原に代わって商業の中心地となった。大崎を代表する商家に海上輸送で活躍した丁子屋や森田家があり、現在でも商いを行っている。小松原、大崎は薩摩藩が定めた港町の浦町ではなく、単なる浦であったが、何十という白壁の土蔵が立ち並び、加世田の野町には蔵が一つもなかったのと対照的である。

小松原の当房は中世前期には形成されていた可能性もあるが、硫黄の積出港でもあった坊津が沖合航路のハブ港として小松原に代わり発展したとみられる。次に九州東岸の事例をみよう。

4 ｜ 東串良

東串良の唐人町は大隅半島の中部を流れる肝属川の河口近くにあった。志布志湾の砂丘が砂州となって張り出し大きなラグーンを形成していた。唐人町があった付近まで水域が広がっていたとみられる（図28）。東串良の唐仁は肝属川下流にあるが、図29の航空写真の唐仁と河口の柏原の間の水田地帯は近世に干拓されたもので、中世以前は志

布志湾の砂丘が砂州となって張り出したラグーンであった。中世の唐仁は、肝属川がラグーンの湾に注ぐ地点にあたっていた。唐仁は高さが5〜6mの旧砂丘である大塚砂嘴上にあり、唐仁集落の北部にある唐仁古墳群からもわかるように古代からの定住地であった。唐仁までの肝属川は蛇行を繰返し、唐仁のやや上流の屈曲部には下伊倉城が築かれ肝属氏の水軍の拠点があった。唐仁付近の肝属川には川原や中州が形成されているように上流から

図28　明治の東串良（1904年発行5万分の1地形図）。囲みが唐仁町

の砂が沖積される地点である。中世の唐仁の港はこの川原を利用しラグーンも停泊地として使用されていたとみられる。

　河口の柏原やその対岸の波見に中世にどの程度港が形成されていたかは不明であるが、『籌海図編』に「起麻子起」とあるのは肝属川にあった唐仁、柏原、波見などの港を指すとみられる。肝属川の沖積作用により川原が拡大したりラグーンが浅くなったりしたため、大型船の寄航は河口の柏原に移った。柏原も中世からラグーンに面した形で港が形成されていたと思われるが、近世の新田開発による干拓でラグーンが消滅し汐入川の水際に面する形で発展した。東串良の唐仁に

唐仁

肝属川

汐入川

柏原

波見

図29　肝属川河口付近
　　　（米軍空中写真、1947年）

は名称どおり唐人町があった。形成の時期は市来と同様、後期倭寇の活躍した時期である。倭寇の捕虜となって来日した唐人も少なくない時期である。唐仁の旧家である堀口家、瀬戸山家は倭寇であったとされている。町誌でも指摘されているように堀口家の一族は柏原に移住した。堀口、瀬戸山が活躍した倭寇的活動や対外交易の実態はよく判明していないが、唐人が何らかの役割を果たしたと思われる。『東串良町郷土誌』所収の大塚神社の由来記に「（前略）肝付家没落之後唐人此所江来而造立ス其名弥藤鎮頭両人居住以来唐人町と云」とあり、唐人が1574年の肝属氏の滅亡後の島津氏の支配下になった時期に来住して唐人町を形成し、対外交易に関与した。また『史跡唐仁古墳群』によると唐仁には弥藤の子孫

である矢野姓が1軒、鎮頭の子孫である林姓が6軒ある。

1810年の『伊能忠敬日記』に、唐仁は「浦町四十九軒」とある。港町の繁栄は柏原に移っても、唐仁は浦町としての機能を持ち続け、瀬戸山・堀口家などが回船問屋や浦町

図30　大塚神社（1998年4月筆者撮影）。唐仁古墳群第1号墳（唐仁大塚古墳）の後円部にある

の商家を兼ねていた。また浦浜としても機能し、唐人系である矢野・林家が浦方として漁船を有していたという。そのほかに在郷の農家も混在するなど、複合的機能を有していた。柏原は、田辺・堀口・坪山家などを中心として、上方や江戸と交易を行う五百石船、千石船が出入りする大隅有数の港となった。1710年幕府の諸国巡見使への「御問条書」に記された船数は105艘で、山川の180、志布志の170に次ぐ船数である。また藩政後期の調所広郷（ずしょひろさと）の密貿易奨励の時期に、特に田辺家を中心に密貿易の拠点としても発展した。『伊能忠敬日記』には「柏原浦町二百十一軒」とある。唐仁同様の複合的機能を有していたとみられるが、唐仁に比べて約4倍の軒数であり、近世の柏原の繁栄が窺われる。

東串良の唐仁の集落形態は、現在は東西方向の道路が主軸となっているが、中世は大塚神社（図30）から肝属川への南北方向が主軸であったとみられる。南北方向の街路が肝属川とぶつかる付近が船着場で、周囲には倉などもあった。現在、南北路に面して唐人系の子孫といわれる林姓、矢野姓の家が5軒ある。東西路に面して商家であった瀬戸山、堀口姓の家が11軒ある（図31）。また主要な三叉路には石敢當が残っている（図32）。

図31 唐仁集落（『ゼンリン住宅地図[2016]』、「東串良町文化財マップ」[東串良町ホームページ]を参考に作成）

大塚神社 ⛩

●唐人系（林、矢野、薬丸）
■日本商人系（瀬戸山、堀口）
▲石敢當

←明山寺跡

肝 属 川

0　　　　100m

図32 唐仁集落の石敢當
（1998年4月筆者撮影）

　集落の西半部には明山寺があった。この寺は創建年号や創建者は不明であるが、跡地にある六地蔵の建立年代から室町時代後期には存在した。また明山は倭寇の頭目である徐海ともいわれている。唐仁が対外交易で登場するのが後期倭寇の時期であることから、唐仁には後期倭寇の関係者がいたとみられる。瀬戸山家は地元では「トジュさあ」「質屋どん」「油屋」と呼ばれていた。「トジュさあ」とは頭首、すなわち船商群の頭目を指す。「質屋どん」「油屋」は船商以外に行っていた、あるいは明治以降従事した商いを指す。明治までは4間の白壁の土蔵があったとされ、唐仁を代表する商家であった。堀口家は瀬戸山

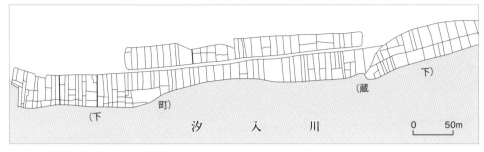

図33 柏原旧字図・地籍図

家の向かい側にあり、「宝屋」と呼ばれていた。また林、矢野家と同様、中国系であり薬一官の子孫である薬丸姓が集落の東側に３軒ある。唐仁は堀口家などの日本人貿易商の活躍が顕著であり、唐人の来住以前より領主の肝付氏の対外交易港として重要であった。近世以降、港としての中心は柏原に移るが、浦町、浦浜さらに在郷農家も共存するかなり複雑な構成となっている。回船問屋だった瀬戸山家と堀口家が質屋、油屋も兼ね、港町としての形態は地籍図からみても不明瞭になっているが周辺在郷の中心地として機能し続けた。

　これに対して、柏原は汐入川に沿って集落が列村状に並ぶ（図33）。近世に入り、ラグーンの内湾が干拓されて以降、唐仁に代わって対外交易の中心となった。柏原が一層の発展をとげたのは市来と同様、文化・文政の頃ではないかとみられる。柏原の発展に関わったのは田辺、堀口、坪山などの船商である。田辺、坪山の屋敷跡や造船に関わったとみられる鍛冶屋跡は汐入川を遡った地点にあり形成時期は近世初頭である。汐入川の淤塞が進展するにつれ河口方向に荷揚げ、船着きの場が移動した。前述のように、田辺などの海商の活躍が特に顕著となるのは調所広郷の財政改革の頃である。市来同様、柏原の港町としての街村化、列村化が進展するのは19世紀に入ってからと思われる。水際に面して回船問屋が均等に面する近世型の港町である。

　沿岸航路の港や唐人町は、在地の領主の勢力範囲、寺院・教会のネットワーク等により相互につながっていることもあれば個別に競合

している場合もある。前述のゲートウェイや湾口の港は海港が多かったのに対して沿岸航路の港は河港が多い。そのため河道の変化、川砂の堆積などによる港および唐人町の移転や衰退がみられた。

城下町の港と唐人町

　これまで航路上の位置による分類でみてきたが、ここでは唐人町の形成に関与した領主層の城館、町場との関係でみたい。唐人町は在地の領主の招きや承認のもとに形成されることが多いので、当然ながら領主の城館と何らかの形で関連した場所にある。九州・沖縄の領主・大名は対外交易に熱心であり港の整備や唐人の招致も積極的に行った。したがって城館周辺の町場や城下町の中にある事例が多くある。

1 ｜ 大分・臼杵

　豊後府内の唐人町には大友氏が深く関与している。南蛮貿易や日明貿易に熱心だった大友氏の城下町には16世紀の半ばに大友館に隣接して唐人町が形成された。対外交易や商工業に携わる明人が居住していたとみられている。対外貿易は府内の外港であった沖ノ浜で行われた。大友宗麟の時代にはポルトガル商人、ザビエルをはじめとする神父の来訪が多くなり府内にデウス堂という教会も建てられた。府内の遺跡からはヨーロッパ製のガラスのほか、中国・朝鮮・東南アジア産の遺物が大量に出土し、中でも生活用品類が目立つことが海外の人々が居住していたことを示すものとして注目されている。

　大友宗麟が1556年に本拠地を臼杵に移すと臼杵にも唐人町が形成された。臼杵城は断崖に囲まれた丹生島（当時は岬状の半島）に築かれた海城で、島から陸地の間の低湿地を陸地化し唐人町、船着場、街道を整備して府内と同様、南蛮貿易とキリスト教を重視した。城の大手口に隣接する形で唐人町や船着場がつくられた（図34）。府内が川

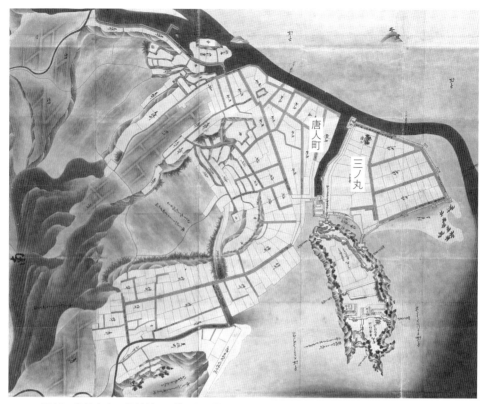

図34　豊後之内臼杵城絵図（『正保城絵図』、国立公文書館デジタルアーカイブより、
　　　　一部改変）

に面してつくられ貿易は府内から離れた外港の沖の浜で行われたのに
対して、臼杵は貿易の港を城下町の中に取り込み、その港を守る要塞
として半島に海城を築くというポルトガル的な町づくりがされている。
図中の三ノ丸は大友氏改易後の近世初頭に埋め立てられたもので、築
城当時は海であった。海城に隣接した港、唐人町は海の港町の一画を
形成していた。

　1587年12月付のフロイスの『日本史』に臼杵城下町の火災につい
て「シナの商人たちが住んでいる町」とあり、町場としての集落が形
成されている様子が窺われる。『桜翁雑録』には「異国人当所居住之
類唐人町は唐人来たりて余多居住するを以て町名とす」とあり、臼杵
の異国人を記して「唐人　清左衛門　林氏　掛町塩屋　天正年中唐人

町来住　文禄年中掛町転宅」「高麗人　善右衛門　内田氏　本町三原屋　永禄年中唐人町居住　薬種屋　慶長年中本町転宅」「高麗人　小右衛門　甲斐氏　横町松屋　慶長九甲辰年八月横町居住」「唐人雅楽　林氏　新町井筒

図 35　臼杵唐人町（2003 年 3 月筆者撮影）

屋　永禄年中唐人町居住」「唐人　久三郎元重　林氏　横町　布袋屋唐人町居住」とある。また『太閤検地帳』によると唐人町は 73 軒、唐人町懸之町が 58 軒で、武士屋敷を除いた町人の屋敷数としては臼杵では最も多く、唐人町地区が臼杵の中心であったことが窺われる。また検地帳にある屋敷所有者の内、唐人と思われる人物名と屋敷数をあげると帯漢 5 軒、元明 4 軒、徳鳳 1 軒　三官 1 軒、平湖 1 軒などとなり、唐人の中にはかなり広い屋敷を所有していた者がいた。検地帳には「大仏しっくい御免」として徳鳳、元明、平湖、九右衛門の名があげられている。「しっくい」は京都方広寺の大仏作成のための漆喰であり、徳鳳等は漆喰技術を提供し「大仏しっくい免」を受けた。技術を持つ唐人が重用された例の一つである。

　現代の臼杵唐人町には戦国期の南蛮貿易で反映した面影はないが近世の商人町の佇まいを残している（図 35）。また隣接する畳屋本町には石敢當があり、臼杵川対岸にある市浜の神社で行われた祭礼の市での商いの争いを防ぐために相談した、明人の貿易船の船長から勧められて建立された。臼杵の城下町が唐人町を中心に栄えた頃、石敢當は町中に移され、その後は「まちえびす」とも称され、商業さらには町の守り神として信仰された。南九州の石敢當より巨大化し文字通り町の守護神の風格を帯びている（図 36）。

図36 臼杵畳屋本町の石敢當
（臼杵市観光情報協会提供）

大友宗麟は1559年に北部九州6カ国の守護を兼ねた。大友氏の動向は北部九州各地の港、唐人町、対外交易、領主のあり方に影響を与えた。1586年、北上した島津氏に府内を焼かれたが、府内とともに唐人町も再興された。1593年の大友氏の除封のあと江戸時代になり、旧府内と沖ノ浜の中間に近世城下町の府内が築かれその外郭南辺に唐人町が置かれた。唐人の存在は確認されていないが貿易を重視した大友氏以来の城下町形成の伝統が引き継がれている。

2 ｜ 熊本・人吉・佐賀・福岡

　熊本城下町は加藤清正がつくりあげた。加藤清正は伊倉の唐人町にも関与したが、のちに菊池川、唐人川の河口一帯の干拓が行われ、対外交易港の機能を失った伊倉に代わって熊本城下町に唐人町がつくられた。城下町の中を流れ、水運にも利用された坪井川に面して短冊状に屋敷地が並んだ形態（図37）は、管理型の伊倉とは異なりどの商店も川の水運を利用できる市場交易型となっている。中唐人町には黄玄郁という御目見医師が、また西唐人町に隣接する坪井川沿いの小沢町には唐物方根締の武藤勝平がいたことからみて、この付近が対外交易の役割を担っていたと思われる。また熊本には蔚山町があり文禄・慶長の役のときに捕虜とした朝鮮の人々を住まわせたという。

　人吉城下町の唐人町も相良氏が加藤清正の配下として朝鮮に出兵した際の捕虜を住まわせた。佐賀の唐人町は佐賀藩の重臣が朝鮮の商人を住まわせ対外交易を担当させたことから始まり、のちに朝鮮の役の

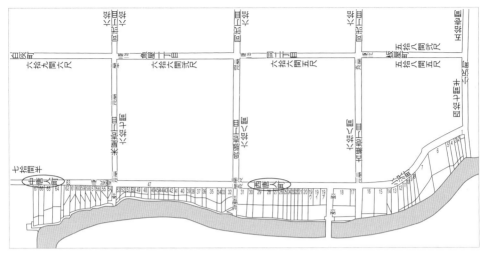

図 37　熊本古町絵図（寛政〜文政頃作成）の中唐人町・西唐人町（図中の囲み）
（『新熊本市史』別編第 1 巻上 [1993] を参考に作成）

際に捕虜とした陶工や職人が加わった。前述のように福岡城下の唐人
町が確認されるのは寛永年間（1624 – 45 年）であり唐津街道沿いに
形成された商人町である。居住唐人の存在は確認されていないが、古
くから対外交易が盛んで唐人が多く居住してきた福岡にとって唐物を
扱う商人町を唐人町と呼ぶのは自然なことであった。

3 ｜ 国分

　鹿児島湾の奥に位置する国分の唐人町は島津義久が城下町国分の建
設に伴い鹿児島湾の港町・浜之市に居住していた林氏を招きつくらせ
たものである。林鳳山は亡命中国人であった。天降川に面した対外交
易港近くに唐人町が形成された。林鳳山一族が唐人町の中心であった。
隣接して高麗町があり、中国や朝鮮との交易を行った町であったとみ
られる。

　国分は現在からは想像できないがかつて港町であった。正確にいう
と、現在とは河道が異なり国分の町の端を北西から南東に流れていた

天降川に面して河港があった。国分城下町（麓集落）の造営を行ったのは、島津義久である。1595年に桑原郡富隈城に拠点を置き、南臨した浜之市を対外交易の窓口とした。富隈城は防衛を目的としたものではなく、屋形造りであった。関ヶ原の戦い後，徳川家康に対して和戦両様の対応を迫られ，義久は国分に新たな城下町を造営することとなった。防御の点からは、中世からの山城があった城山を背後に聳える要とし、海からの攻撃に弱い沿海地を避け、天降川を遡ったところに河港を設置した。国分城下町の計画には、義久の数次にわたる上洛の際に見た碁盤の目状の京都の風景や風水思想が影響を与えたとされる。対外交易を重んじたのは当時の九州全域の領主に共通したが、国分では唐人町や高麗町が天降川に面して設けられた。これらの対外交易の拠点は、屋形から直線で伸びた街路と天降川が交差する地点にあたる。当初から計画的設置がなされた。

国分河港の歴史は国分新城ができた1604年から天降川の付け替えが完成した1666年までである。形成、終了ともに人為的要因であり近世初頭に六十年余り存在したいわば幻の港である。しかしその役割は大きく、唐人町、高麗町があり対外交易港としては中世以来の市来に勝るとも劣らない繁栄をしたといわれる。

図38aの『国分衆中屋敷配置図』には大きな中州が描かれており、その対岸に港があった。全国の事例からみて中州自体も何らかの港湾施設があったものと推定される。絵図には川を遡る船が描かれているが、大型の船は河口近くにある。大型船は川を遡るのは困難で、河口付近で小型船に積み替えを行ったことが推定される。一般的に中州が形成される付近は堆積作用が大きく、水深は深くなかったからである。小字地名から判断すると、唐人町より下流の天降川河口付近までの間に、大型船の接岸に関する地名がみられる（図38b）。「塩入」という小字がいくつかみられるが、これは満潮時に潮が遡った場所である。特に「南塩入」の付近の「竿留」や「荷揚」、「上塩入」の付近の「舟付」は、船の接岸、荷揚げの場所であったことを意味する。「上塩入」

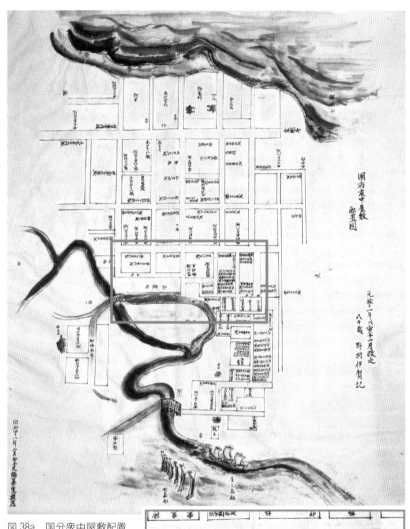

図 38a　国分衆中屋敷配置
　　　　図（模写、霧島市
　　　　立国分郷土館蔵、
　　　　囲みが右の拡大部
　　　　分）

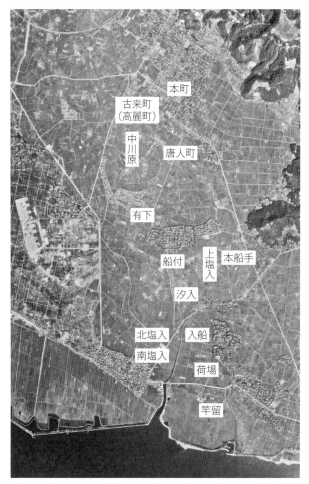

図 38b　国土地理院空中写真（1948 年、一部改変）

（画像内ラベル）本町　古来町（高麗町）　中川原　唐人町　有下　船付　上塩入　本船手　汐入　北塩入　入船　南塩入　荷場　竿留

に隣接した「本船手」は藩の船舶管理や船員関係の部署があったことを示す。すなわち国分河港は、河口付近と唐人町付近の二重構造であったとみられる。河口付近に接岸した対外交易の貿易船から小型の船に積み替えて、唐人町付近まで遡り積み下ろしを行った。1948 年の航空写真には近世の『国分衆中屋敷配置図』に記載された町並み、付け替え以前の天降川の流路、中州などがよく残されている。

国分唐人町の中心的存在は浜之市にいた林鳳山であった。島津義弘は国分の前には隼人の富隈城にいた。浜之市は富隈城の南の鹿児島湾に面した港町で、林鳳山は浜之市時代から義弘のもとで対外交易に従事していたとみられる。国分の唐人町は浜之市の対外交易機能を継承したものであるが、より交易規模の拡大を意図したものであるとみられる。秀吉の九州征伐以降、北進の道を断たれ、さらに関ヶ原の戦い後、家康に対しても和戦両様の構えを取らざるを得なかった島津氏は中国、朝鮮、東南アジアなどとの対外交易にも力を入れざるを得なかった。市来や東串良の唐仁に比較し、国分は

島津義弘の本拠地でもあり対外交易に期待された役割は大であった。林氏以外の商人が対外交易に関与したかどうかは不明である。唐人町から南側の士族居住地の士族が港湾業務に関与したと予測されることから、国分港は島

図39　唐人町の碑（2013年8月筆者撮影）

津義弘直轄の管理型交易が行われたと思われる。林氏はそのリーダー的存在であった。設置されて六十年余りしか機能しなかったため、対外交易の実態はよくわかっていない。天降川の付け替え以降は、新河口に近い浜之市が再び港として機能した。唐人町は野町として、本町とともに在郷の商工業の中心機能を有するようになった。

　国分の港町時代は短期間であった。河港では前述のように大型の交易船は天降川の河口付近に停泊し小型の船に積み替えられたとみられる。その船が河原に直接停泊する形であった。どの程度の町場が形成されていたのかは明らかではないが、唐人町、高麗町が港町に相当するとみられる。自然発生的に形成されたのではなく国分新城自体が計画的につくられたことからみて、当初から対外交易を中心とした物資売買の場所としての荷揚げ場、店棚、倉庫などが設営されたと思われる。唐人町付近の地籍図には短冊状の地割りが残されており周辺の郷士の敷地とは異なった形状である。『国分諸古記』の唐人町の記載には「唐人町本町通路の間に五官橋と申し候石橋あり、本唐人の名と申し伝え候」とあり、本町との間には唐人の名に由来する五官橋という石橋があった。この五官橋は図40aの国土基本図の水路から推測すると図40bの図の位置にあったとみられる。唐人町と本町には何らかの区分が意識されていた。これに対して高麗町付近は明確な短冊状の

図40a　国分唐人町付近国土基本図（1970 年測量）

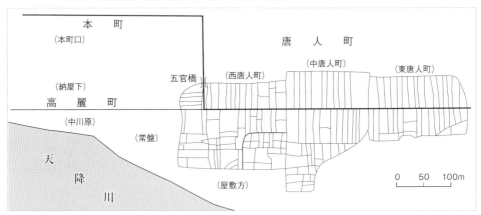

図40b　唐人町旧字図・地籍図

図41　正覚寺墓地跡の林氏一族の墓
　　　（2013 年 9 月筆者撮影）

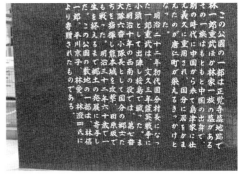

図42　正覚寺墓地跡の林一族の碑
　　　（2013 年 9 月筆者撮影）

地割りが残されていない。荷揚げ場や市場の広場状の空き地であった可能性がある。市場の中に常設的な館や仮設的な小屋が混在している姿も十分に予想される。国分唐人町は、元禄年間の絵図では当時の河港に近い街路の通り名として記載はあるが、景観的特徴は不明である。元禄年間の頃約70世帯あった。

町の西端には林一族の菩提寺である広大な正覚寺があった（図41、42）。唐人町出身で林氏直系といわれる林昌治氏によると、正覚寺から約200m離れ通りに面した氏の家ま

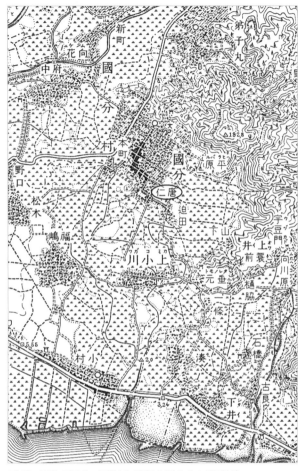

図43　明治の国分（1904年発行5万分の1地形図）

で石畳が敷いてあったという（図40a）。当初は、西北から東南に走る通りの北側に氏祖の林鳳山をはじめとする屋敷があったのではないかとみられるが、明治の字絵図がなく、通りの両側に拡幅が行われた際に家の改築や倉庫・蔵の取り壊しが行われたため、形態的にも景観的にも復原が困難となっている。川の付け替えにより対外交易港の機能を失った唐人町は内陸の野町化し、林氏一族も唐人町から本町や各地に散居するようになり貿易業から煙草製造・販売業に従事する者も

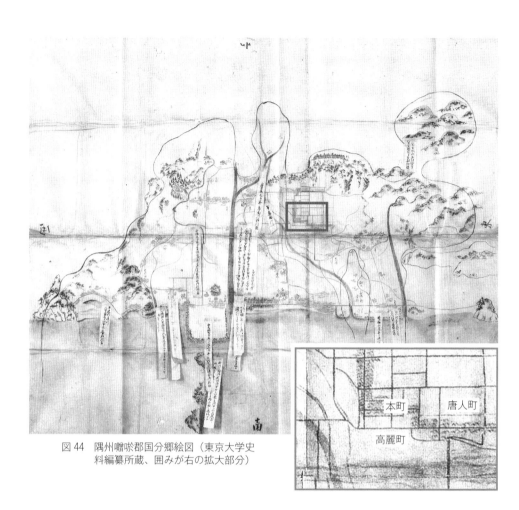

図44　隅州囎唹郡国分郷絵図（東京大学史
　　　料編纂所蔵、囲みが右の拡大部分）

本町
唐人町
高麗町

増加した。同じ野町でも本町が商店街的であるのに対し、唐人町は国
分麓のはずれにあり（図43）、近在の農産物を利用した煙草、醬油、
酒の製造・仲買に携わる町として分化したようにみられる。これは、
拡幅前の国土基本図（図40a）から窺える屋敷取りが、後述の高山ほ
ど短冊状ではなく倉庫や作業場らしき建物が散見されることにもあら
われており、現在でも醬油業、醸造業などがある。
　港町の機能を失って以降、唐人町は本町と連担して野町となったこ
とをみると町場の萌芽的形態が形成されていたと思われる。対外交易

だけでなく日常的にはむしろ天降川流域の物資の集散が中心であったはずである。近世の国分の町場の形態は、天保年間（1831-45年）に作成された『隅州嚕咐郡国分郷絵図』に描かれている状況から推測される（図44）。東西に伸びた唐人町に続いて鍵型の本町が連担している。河港が終焉となって以降、港町としての唐人町は野町となって周辺の農村の中心地として繁栄した。国分は河港としての歴史は短期間に終わり、野町へ転換した。煙草産業の中心地として、また在郷町として変化した（図43）。

　国分唐人町は島津義弘から交易業務を委託されたとされる林一族の居住地であり、管理機能を担った地区といえる。本町に居住した日本人商人との間に仲介を行い国分新城の南部に位置した。ただ高麗町との関係や全ての取引に関与したのかどうか不明確である。国分は最も早く河港としての機能は失われたが、林一族は野町を中心として国分の商工業の中核的役割を果たし続けた。

4 ｜ 都城

　宮崎県の都城の唐人町は内陸部に形成された亡命唐人の町である。形成には在地領主の意向が強く働いている。1589年都城島津家（北郷氏）の領地であった大隅半島の内之浦に来航した多数の明人を領主・時久が安永の諏訪馬場（現都城市庄内町）に招いて集住させた。その後、北郷氏の所領変遷とともに唐人町は移転したが、最終的に都城本町（現中町）に移された。ここに内之浦に再び明末の戦乱を避けて亡命してきた明人を居住させた。明人の代表人物であった何欽吉は広東省澄海県の出身とされ、華僑の有力な一派である潮州幇である。

　都城の唐人町が最終的に落ち着いた場所での形態は麓集落の野町としてであり地元の商工業を担う存在となった。亡命人であったことからも完全に日本社会に溶けこむ形であった。中世から近世への移行時期の城下町形成に、明末の混乱から逃れてきた知識層の唐人を積極的

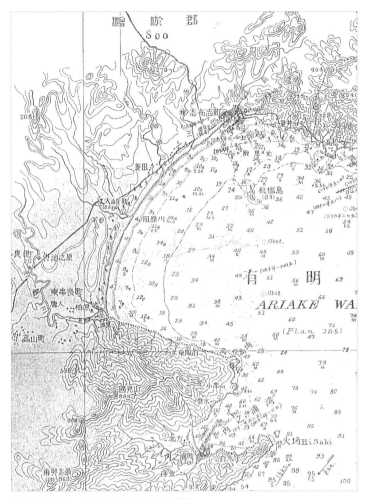

図 45　志布志、柏原海図（1903 年測量）

に活用した計画的な集落形態である。

　内陸部にあった都城の外港であったのが志布志である。唐人の来往
はあったとみられるが、唐人町は内陸の都城に野町型唐人町として形
成されていたため、志布志は対外交易の窓口としての位置づけであっ
た。志布志は元々、島津荘をはじめとする内陸部の荘園の外港として
発展した。志布志湾に注ぐ前川の河口が港として利用されてきた。志

布志には西大寺律宗寺院である宝満寺や大滋寺があり、日向国守護職に就いていたとされる北条氏のもと、西大寺律宗寺院を通して瀬戸内から九州東岸の海上交通路の整備が行われたとされている。その点では鎌倉時代から海上交通の拠点の港として重要であった。このような志布志をめぐって多くの領主が争った。志布志を拠点とする領主によって築かれたのが志布志城である。日向、大隅の国境の軍事拠点としても重要であった。

　中世の志布志をみると、発展する港として一定の規模を有する城と、文化、対外交易の拠点であった大寺院の存在がうかびあがる。港、城、寺院、すなわち、経済、政治・軍事、宗教・文化の要素を揃えた事例である。志布志が島津氏の支配下に入ったのは遅く、1577年である。島津氏は領内でも重要な麓として志布志を整備した。近世の志布志は、中世に揃った3要素を引き継ぎ大隅半島の代表的な港町として繁栄した。藩政時代には前川沿いに藩米の蔵や荷揚げ場が集積し、志布志千軒といわれるほどに繁栄した。江戸時代までは河口港であったが、明治以降の近代汽船に対応するため志布志湾に面して河口付近に船着場が整備された。以後、汽船の大型化や産業振興のため、埋め立てを伴った港が整備され、現在のような海港となった。

　図45は、明治年間測量の志布志湾の海図である。貿易船の風待ち港として有名だった内之浦は水深が深く避難港としても適しているが、後背地が狭く大きな港町の形成には至っていない。肝属川河口の柏原、波見、川を少し遡った唐仁は、志布志とともに第II期以降港町の形成をみたが、河港として水深が浅く、近代以降は大規模な埋め立てにより水深の深い場所まで港を拡大した志布志以外は衰えた。

5 ｜ 鹿児島

　島津氏の城下町であった鹿児島に来た異人で最も有名な人物はフランシスコ・ザビエルであろう。ザビエルが来た鹿児島の城下町は清水

城の時代であり、楕木川（稲荷川）の河口にあった港から上陸した。津柱神社が港の祭神であり、春日神社の付近に水軍の船溜まりがあったとされている。戦国期城下町が形成された頃、すなわち東福寺城、清水城、内城に島津氏の拠点があった頃の港は稲荷川河口と滑川周辺の入り江が対外交易港として機能していた（三好 2018）。それぞれの城を中心に誕生した守護町と、これらの城からほど近いところに位置する島津氏の菩提寺である福昌寺の広大な敷地を前に広がった門前町が、重なるようにして上町と呼ばれる鹿児島市街地の起源が誕生していった。鹿児島も阿久根同様、中世から対外交易港であったが、その契機は様々であるにしても結果として移住したとみなされる唐人が活躍した時期は近世初頭である。

　唐人たちが島津氏に重用され、城下に屋敷を構えたとされるのは、鶴丸城の時期であり近世初頭である。一定の数の唐人がいたことは、1630 年に山之口に黄一官らが建立した媽祖像を祀っていたといわれる菩薩堂の存在でわかる。菩薩堂は、のち罹災し媽祖像は 1637 年に建立された永福寺に納められる。菩薩堂は山之口地蔵堂（地蔵角交番付近）の東側で街角から東へ町屋敷の中 7、8 歩のところにあった。

　その唐人たちが居住していたのは甲突川の分流の一つで、かつては甲突川の本流であった清滝川の周辺であったといわれている。その痕跡を探すのは困難だが、いくつかの手掛かりが残されている。清滝川には「がんがら橋」という橋が架かっていた。道路整備のため、今では橋そのものはなくなったが、橋跡のミニ公園には 1925 年 9 月に架け換えられ、そののち七十余年間使われ 1996 年に橋としての役目を終えた石橋の親柱 4 本が記念として残っている（図 46）。2001 年 3 月、鹿児島市が設置した説明版にある橋の由来によると、藩政時代この付近に領地を与えられた唐人の沈一貫から貫唐橋と呼ばれていたのがいつの間にか丸瓦羅橋となったとある。

　明末清初の戦乱に敗れて日本に逃れてきた沈一貫は、7 艘の船に色々の宝物をいっぱい積み込んでいたが、これを藩主島津公に献上し

図46　丸瓦羅橋跡（2016年5月筆者撮影）

た。しかも沈一貫は医術に通じていたので漢方医とし島津家の客分と
なり抱え医となった。島津家としては7艘の船に積んだ沢山の宝物を
献上した御礼として、また医師であるというので彼に土地を与えた。
現在の六日町から一官橋、二官橋、三官橋、がんがら橋（すなわち貫
唐橋）の一帯の土地である。一官橋、二官橋の官は官でなく、沈一貫
の貫である。

　沈一貫は鹿児島に帰化してスガという女と結婚して男の子が生まれ
た。この子に自分の生まれた故郷の穎州（えいしゅう）の頭文字を取って穎川（えがわ）という
姓をつくり、爾来、穎川と称することになった。沈一貫に関する詳細
な事蹟は判明しないが、死後、その墓地は南林寺墓地にあったが、南
林寺墓地移転改葬のために、今は不明である。

　塩屋町方面一帯まで土地を拝領しており13の倉庫があったと伝え
られている。沈一貫は薩摩藩に落ちつくと長崎に往来し、長崎で支那
寺を建立したことなどから薩摩藩の密貿易と関係があったのではない
かといわれている。

　沈一貫のほかに鹿児島城下町にいた唐人としては、島津義久の侍医
で「三官橋」にその名を残す許三官（きょさんがん）（許儀後（きょぎご））、その弟子の郭國安（かくこくあん）
（汾陽（かわみなみ）理心（りしん））が知られる。このほか『本藩人物誌』には「安岡慰為定
（朱足）明人也御医師ナリ」とあり、鹿児島に屋敷を所有した平城一

官、大原一官、塩官泰官なども明人であった。また『諸家大概』坤には「山元五郎兵衛祖父は異国の由候、（中略）初は丹清と申医者にて候」と記され先祖が明国もしくは朝鮮より渡来したもののようである（増田2011）。

　唐人たちは島津氏に様々な形で重用された経緯から、それぞれ広い屋敷を与えられ山之口の菩薩堂から清滝川にかけての地域に居住していたとみられるが、唐人町として集住する形ではなく、また帰化するにつれその子孫たちは鹿児島城下町や藩内に散居するようになったと思われる。

　では、近世初頭、唐人たちが居住した鹿児島城下町はどのような状況であったのか。中世、上町（滑川以北）が中心であった鹿児島の町は鶴丸城築城とともに新たな町割り（都市計画）によって城をとりまく一帯は計画的に整備され、市街は大きく南へ広がり始めた。照国神社から天文館通り、松原神社、松原小学校付近までは小高い砂丘であったが、この砂丘の北側の海を埋め立てて、城の正面付近を除き、残り大半は町屋敷とした。新たに整備された町屋敷は従来の町と区別するため下町と呼び、以前からの町は上町と呼ばれた。

　鹿児島港も中世から近世初頭にかけては稲荷川、滑川、甲突川河口が利用されていた。『元禄国絵図』では甲突川について、「高汐之時ハ船出入有之、常之汐ニハ小船出入水上七町汐入」と満潮を利用して小船が七町ほど遡航していた。唐人たちは当初この河川舟運を利用していた可能性がある。ただ稲荷川については「船之出入不自由」とあり、河口港だけでは薩摩藩の中心的な港になりつつあった鹿児島港として不十分であった。そのため運河や掘割と埋立地を活用した内港システムを機能させていった。内港システムの形成は元禄年間、稲荷川河口近くから行屋堀という運河により上築地が形成されたことによる。ここに琉球や奄美との大船が発着するなど、これまでの稲荷川河口に代わって港の中心となった。鶴丸城築城の頃は、船津町付近は船が発着するような海岸であったが、のちに埋め立てられ新町ができ、その先

をまた埋めて堀江町となった。今の松原神社付近の南林寺から東へ進むとすぐ海で、この北側が町屋敷のはずれになり、南林寺の海岸から見ると町屋敷はぐっと沖へ張り出した形になっていた。

　唐人たちがいた近世初頭は、松林となっていた砂丘微高地の東側海岸が埋め立てられ、下町の町人町が形成されていく頃であった。唐人たちは砂丘微高地の西側の侍屋敷地区に屋敷を与えられ居住していたと思われる。この地区は甲突川や清滝川の氾濫原で低湿地であったが、慶長から元禄にかけての頃に埋め立てられた。菩薩堂は砂丘微高地を越えたあたりの町人町に海側を向いて建立され、唐人たちが居住した侍屋敷地区から菩薩堂を経て海岸までの通りがつくられ菩薩堂通りと呼ばれた。同様に侍屋敷地区から町人町を経て海岸の岸壁の石燈篭までつくられた石燈篭通りとともに、菩薩堂通りは近世城下町の陸から海に延びる主要な通りとなった。菩薩堂通りのほか、唐人の名にちなんだ一官橋通り、二官橋通り、三官橋通りなどが近世初期の城下町の原型をつくり、内港システムが形成される以前の鹿児島港は河口港が中心であった。

　1859年頃に作成された『旧薩藩御城下絵図面』には1842年の屋敷地として、近世初頭にいた郭國安の子孫と思われる汾陽氏の屋敷地が、

　　新屋敷町1番の北　　　　　　　　汾陽次郎右衛門　　723坪
　　新屋敷町1番の北　　　　　　　　汾陽次左衛門　　　333坪
　　樋之口町3番の北西角　　　　　　汾陽次右衛門　　　230坪

とある。また安政6年の記載には、

　　山之口町7番の中、樋之口町10番の中
　　　　　　　江川小仲太（沈一貫の子孫と思われる）　187坪
　　山之口町2番の中
　　　　　　　江夏十郎（島津重豪の侍医・江夏喜安の養子）　383坪

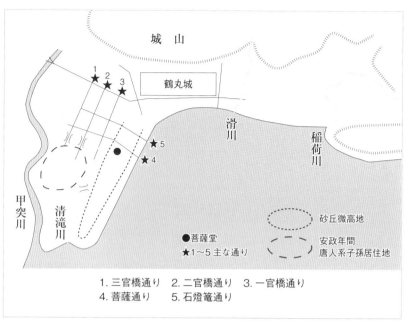

城山

鶴丸城

滑川

稲荷川

甲突川

清滝川

砂丘微高地

●菩薩堂
★1～5 主な通り

安政年間
唐人系子孫居住地

1. 三官橋通り　2. 二官橋通り　3. 一官橋通り
4. 菩薩通り　5. 石燈篭通り

図47　近世初頭（寛永年間）
　　　の鹿児島港略図

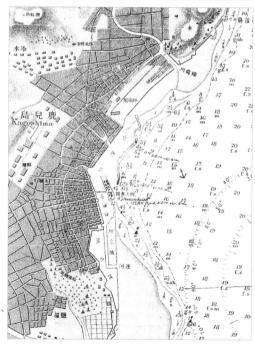

図48　鹿児島港（1896年
　　　測量、東北大学蔵、
　　　外邦図、海図214
　　　号）

とある。近世初頭に屋敷地を与えられたと思われる地区に唐人の子孫がある程度確認できる（図47）。

この図は1630年に唐人たちによって菩薩堂が建立された頃で、寛文年間に築造された名山堀や元禄年間（1661 − 73年）に築造

図49　清滝川に架かる二官橋（2016年5月筆者撮影）

された行屋堀はまだ存在せず河口港が中心であった時期である。

現在までの鹿児島本港区は海に向かってアーチ型に形成されているが、その原型は近世初期にある。琉球貿易のほかに、奄美群島からの砂糖交易の発展が城下の港および港町の成長を促した。1896年測量の鹿児島港の海図（図48）からは、甲突川、稲荷川から排出される砂が海岸部に蓄積し水深が浅くなっていたことがわかる。図47の寛永年間以降も川砂の堆積が海岸部で進行し、そのため浚渫や埋め立てにより接岸地を沖合に拡大することが必要になっていたとみられ、城館が海岸部に近いという防衛上の課題もあり埋め立てが進行し、名山堀や行屋堀がつくられた。

現在、唐人たちがいた名残は通りの名前以外に、二官橋の遺構（図49）、二官橋通りの行き止まりの三叉路にある石敢當（図50）しか残されていない。

この写真は二官橋通りが城山麓の住宅地とぶつかる三叉路に建てられた石敢當である。歩道建設のために下半分が埋まった状態にある。かつては鹿児島城下町の三叉路には石敢當が数多くあったとみられるが、戦争中の空襲、戦後の再開発や道路の拡幅などにより多くが消滅

図50　二官橋通りの三叉路に建てられた石敢當（2016年5月筆者撮影）

した。奇跡的に唐人ゆかりの二官橋通りに残っていることは興味深い。

6 ｜ 麓集落と唐人町

　最後に近世薩摩藩の在郷武士団の居住集落で、軍事的・行政的機能を有した麓集落とそこにあった唐人町についてみよう。前述した国分、都城のように大規模な麓集落は小城下町ほどの形態、機能を有していた。小規模の麓でも背後の山稜に中世城館があった例が多く、戦国期城下集落としての性格を近世にも持ち続けた。近世野町型の唐人町は薩摩藩の藩法上、麓の中で商工業者が居住した地区である。藩の厳しい商工業統制・抑制策の中で、半農の形でしか機能できないところが多かったが麓集落の中では都市的な要素を備えていた。

　高山の唐人町は麓集落の商工業地区である野町である本町に隣接する形で立地していた。東串良の唐仁同様、肝付氏の領域にあり、唐仁が港町であったのに対して中世城館の肝付城の麓に形成された唐人町である。その後本町と一体化したが、現在でも原型がみられる数少ない野町である。唐人の子孫とみられる林姓が多く、本町の主要な商店を構成している。近世鎖国以降、麓集落の一部となった。高山麓は間口3間の間取りの家々が並ぶ野町がほぼ現存している（図51）。野町

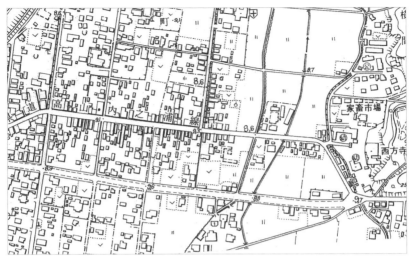

図51　旧高山町（現在は
　　　肝付町の一部）の
　　　形態（上、1970年
　　　測量5千分の1国
　　　土基本図）と景観
　　　（右、2000年10月
　　　筆者撮影）

型唐人町は、対外交易港とは直接の関係はないが、近隣の港における
対外交易上の業務、特に通訳などの面で一定の役割を果たしたのでは
ないかとみられる。

　九州の戦国大名や領主は中国、朝鮮、琉球、東南アジア、さらには
ヨーロッパ勢力との対外交易に熱心であった。舶来品の輸入だけでな
く領内の銀、硫黄などの特産物の輸出も積極的に行った。唐人町は貿
易に関与する商人をはじめ亡命官僚、職人、陶工など様々な職種や民
族、出身国の人々が居留した国際色豊かな町であった。北部九州では
キリスト教の洗礼を受けたキリシタン大名も多く、唐人町の中や近隣

に教会、修道院が建てられるなど、キリスト教文化の受け入れ場所で
もあった。貿易を担った港は様々な国の貿易船で賑わった。唐人町、
対外交易港は九州の城下町の国際性を象徴する場所であった。

鎖国の港と唐人町

　豊臣秀吉以来、次第に強まったキリスト教への統制は 1612 年に禁教令となりキリスト教関係者は国外追放となった。1639 年ポルトガル人追放、1641 年平戸のオランダ商館を長崎の出島に移転させたことによる長崎口の成立、1689 年長崎の唐人屋敷に帰化唐人を除く長崎在留の唐人や渡来の唐人を全て収容して居住させたことにより、九州・沖縄の唐人町は日本に帰化、同化した華人系、朝鮮系唐人しか住めなくなり、対外交易港も長崎口に制限、副次的な窓口として対馬口、琉球口が開かれたのみであった。この時期、幕府の琉球口での対外交易の代行をしていた薩摩藩では坊津をはじめ規制外貿易（密貿易）が盛んであったが、1722 年の一斉取締りにより終止符が打たれた。従来通りの表現での「鎖国」の時代に唐人の子孫が貿易に携わったのは長崎唐人屋敷、那覇久米村以外ではほとんどみられない。

1 ｜ 長崎

　1570 年大村純忠により開港され、1580 年にはイエズス会領となり南蛮人型唐人町、港になりつつあった長崎は、豊臣秀吉によるバテレン追放と豊臣直轄領化により華人系唐人が次第に勢力を強めた。長崎唐人屋敷は、近世の久米村と同様、近世港市型唐人町というべきもので、管理統制下に置かれたいわば人為的・政策的な唐人町である。長崎各所に散居していた唐人を唐人屋敷に集住させ厳重な監視下に置いた。出島と同様、対外貿易や異国人との接触を管理統制下に置いた近世的対応である。

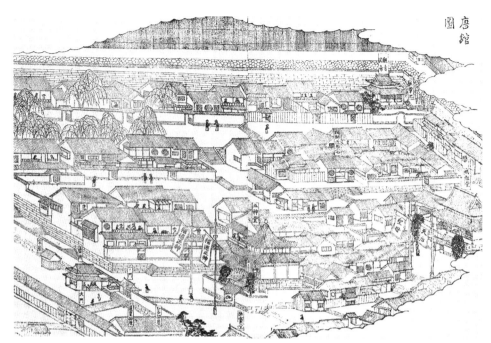

図 52　長崎唐人屋敷（『長崎名勝図会』長崎史談会［1931］、国立国会図書館提供）

　長崎唐人屋敷はその周囲を塀で囲まれているという点で、出島と同様に幕府により完全にかつ人為的に設定された居留地の景観である。低地に崖を崩して地ならしをして石垣を築いて区画を定めてつくった。総坪数 9373 坪 8 合の中に 2 階建ての唐人部屋が 20、市店 107、土地神、媽祖堂（天后堂）、観音堂、乙名部屋、表総長屋、土蔵などがあった（図 52）。狭い地域に外部との交渉や監視について非常な苦心がなされた。周囲に 7 尺以上の練塀をめぐらし幅 6 尺余りの堀があった。大門で厳重に検査があるほか、唐人の居留する二の門内には役人といえどもみだりに入ることはできなかった。完全な管理下にあったが唐人は唐寺への参詣は許されていた。長崎に入港した唐人海商は唐船の後尾で祀っていた媽祖像一式を出港するまでの間、媽祖堂に安置した。

　中国との貿易は唐人屋敷を下った海岸に築造された人工島である新

地で行われた。75 棟の倉庫があり、新地前には俵物役所が置かれ輸出業務を担当した。唐船居場といわれる唐船修理用のドックもあった。貿易管理を行う役人の詰所も新地に集まり、出島を上回る貿易施設が存在した。幕末の開港後、付近は埋め立てられ中華街となった。出島の沖合にオランダ船、新地の沖合に中国船が停泊している風景は、唐人町があった港の管理型の完成形である。

　長崎は近世を通して日本を代表するゲートウェイであった。したがって出島、唐人屋敷などの居留地、蔵屋敷などが備わり、那覇に匹敵する最大規模の対外交易港であった。近世を通して純粋に唐人の身分を保ったのは、長崎の唐人屋敷に期限付きの滞留をした唐人たちである。港には遊女地区があった。一般の日本人が恒常的な接触が禁じられていた中で、丸山の遊女は出島や唐人屋敷への出入りを許可されていた。1689 年唐人屋敷への入居が開始され遊女も唐船の来航に合わせて屋敷への宿泊が行われるようになった。丸山の遊女はその関係する相手により「日本行」「唐人行」「阿蘭陀行」など区別して呼ばれた。この「唐人行」の遊女は唐人との交遊により近世を通して最大に唐人の影響を被った存在であった。「唐人行」の遊女に対しては厳重な管理・統制がなされ唐人屋敷内での言動に至るまで細かい指示がなされていた。互いの贈答品まで規制があった。遊女の出入りの日や期間も定められていた。様々な制限がある中で丸山の花街は唐人の落とす遊行費でおおいに潤った。しかし遊女は丁寧な扱いを受けるとは限らず様々なトラブルも発生した。また唐人との間に混血児も少なからず出生した。混血児は出国を許されなかったので最終的には遊女の実家に預けられることも多かった。

2 ｜ 阿久根

　長崎、那覇以外で唐人の子孫が対外交易に直接携わった数少ない例として鹿児島県北西部にある阿久根をみよう。阿久根は集団集住とい

う意味での唐人町はなく散居型である。しかし中世から唐人が住みつき倭寇の有力な港であったといわれている。

　阿久根は天文年間の頃からポルトガル船やスペイン船が入港、漂着しフランキ砲も海底から発見された。朱印船貿易の頃はルソンとの貿易も行われた。その意味では少なくとも第Ⅱ期の南蛮貿易期の頃から市来や坊津とともに東シナ海に面した対外交易港であった。唐人の来住も多いが、地名では唐人町が確認できないことから分散型である。ただ阿久根が港町として発展したのは近世になってからではないだろうか。その発展には一人の中華系帰化人の活躍があった。1625年、阿久根に藍会栄という中国人が帰化した。彼は那覇の久米村に居住していたとき、島津側に見出され、久米村と南九州の港町を結ぶ琉球貿易の中心的な存在として招かれた。その際に阿久根が居住地になったのは帰化した中国人が多かったためとされているが、琉球、薩摩と長崎を結ぶ航路の途中にあることも大きい。故郷の中国の河南省にちなんで河南源兵衛と名乗り、琉球貿易や唐通詞に従事し密貿易にも関与した。

　阿久根港は高松川の河口を利用していたが、高松川から自らの屋敷に運河を引き貿易を指導した。現在、付近は渡唐ン口という地名が残っている。藩の指示に従って唐物を琉球から運び、さらに江戸や上方に運んだ。禁制品の多かった唐物は、藩からの運送指示があるまでは高松川から屋敷まで引いた運河の両岸に建てた倉庫に保管していた。

　河南家を中心とした琉球貿易の発展は、阿久根に海運業、造船業を興した。河南家の持船は文化年間の終わり頃になると二十三反船（1500〜1800石積）6〜7隻を数える藩内有数の船主となった。各船の乗員は1反毎に1名、二十三反船で23名となり、総計150名ほどになり、これに船の修理、造船工を加えると250名にのぼり、当時では最大規模の産業であった。港は浦町として栄え、麓の政治拠点である地頭仮屋が1690年浦町に移転したことからも、近世での阿久根港の発展が窺われる。

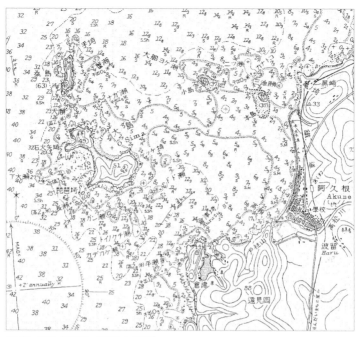

図53　阿久根錨地（1902年測量）

　図53の明治期の海図をみると、少なくとも明治の頃は大型船が満
載の状態で寄港するには浦町近くは水深が浅い。江戸期においても浅
瀬の少ない南西方向から入港し、避難港であった倉津付近か、やや沖
合に停泊する形が多かったとみられる。大島、桑島の西方は水深が
20ｍ以上あり、陸地から見えにくいこともあり密貿易が行われたと
されている海域である。河南家は鹿児島城下にも拠点を持ち、那覇港
と鹿児島港を幹線航路として琉球貿易に従事した。藩の指令、監督、
庇護のもとでの繁栄であった。

　なお九州では偽装漂着、漂流という方法で密貿易は行われた。唐人
の来住は行われなくなったが、裏の交易チャネルは近世を通じて存続
したとみられる。

■引用・参考文献

本書は、拙稿「南九州における唐人町に関する覚書」『鹿児島経大論集』36-3（1996）、同「中世九州の交易港と唐人町」『鹿児島国際大学国際文化学部論集』2-1（2001）、同「南九州の港町の形態——市来・国分・東串良を事例として」『鹿児島国際大学国際文化学部論集』7-3（2006）を改編、修正、補足を行ったものである。九州の港、唐人町については全体的にも個別的にも数多くの研究がある。以下、主な引用・参考文献のみをあげる。詳細については上記拙稿、以下各文献を参照されたい。

桃木至朗編『海域アジア史研究入門』岩波書店（2008）

柳原敏昭『中世日本の周縁と東アジア』吉川弘文館（2011）

安野眞幸『港市論——平戸・長崎・横瀬浦』日本エディタースクール出版部（1992）

『海路』第2号（九州のもてなし文化）石風社（2005）

深沢克己責任編集『港町のトポグラフィ』シリーズ港町の世界史②、青木書店（2006）

神戸輝夫「鄭舜功著『日本一鑑』について（正）——「桴海図経」と「絶島新編」」『大分大学教育福祉科学部研究紀要』22-1（2000a）

同「鄭舜功著『日本一鑑』について（続）——「窮河話海」」『大分大学教育福祉科学部研究紀要』22-1（2000b）

内田晶子「向達校注『両種海道針経』中の「順風相送」について——16世紀における中国商船の針路」『南島史学』25・26（1985）

カール・ポランニー著、玉野井芳郎・中野忠訳『人間の経済2　交易・貨幣および市場の出現』岩波書店（2005）

斯波義信『華僑』岩波新書（1995）

荒野泰典『近世日本と東アジア』東京大学出版会（1988）

中島楽章「十六・十七世紀の東アジア海域と華人知識層の移動」『史学雑誌』113-12（2004）

中島楽章『大航海時代の海域アジアと琉球——レキオスを求めて』思文閣出版（2020）

鹿毛敏夫『アジアのなかの戦国大名　西国の群雄と経営戦略』吉川弘文館（2015）

李献璋『媽祖信仰の研究』泰山文物社（1979）

山本紀綱『長崎唐人屋敷』謙光社（1983）

増田勝機『嫁たたきと成木責め』高城書房（2011）

かくれ念仏研究会編『薩摩のかくれ念仏——その光と影』法蔵館（2001）

三好志尚「中世鹿児島の港と戦国城下町の形成」『史林』101-5（2018）

小玉正任『日本の石敢當：民俗信仰』慶友社（2004）

おわりに

　九州の港は日明貿易、南蛮貿易、朱印船貿易の各時期に国際的な交流のゲートウェイとして登場したが、そこには唐人の来住、定着が大きな役割を果たしたとみなせる。移住した唐人が対外交易をはじめ地域の産業、医学、易学などに関与し大きな影響を残し、港町としての形成、発展が促された。九州全域にわたって各領主層の対外交易への熱意は高かった。そこに華人系唐人、朝鮮人、ポルトガル、イエズス会、オランダ、イギリスなどの諸勢力が絡まり国際色あふれる港が出現した。ただ各勢力間の摩擦、紛争も多かった。

　港は河港や河口のラグーンに形成された港が多く、河道の変化、砂の堆積、干拓などにより移転や衰退もみられる。また国際航路の進展、交易量の増加により海港が増えていった。中世後期から近世初頭の港の港湾施設は不十分で、貿易船は浜や岸から少し離れ水深が確保された場所に停泊し小船、艀に積み替える例が多かった。那覇、坊津、長崎などゲートウェイの港は修理・造船、倉庫関係の施設も存在した。南九州で琉球貿易の進展に伴い鹿児島港をはじめ主要な港の港湾施設の拡充がみられるのは近世中期以降である。近世初頭まで、多くの港は地形の特徴に依拠した立地や形態である。

　多くの唐人町は港町と密接な関連があり、港町あるいは港湾地区全体の一部であり、ほかの地区と機能的関連を持ちながら、その中で一定の役割を担っていた。唐人町は基本的には対外交易、航海、通訳関係の機能を果たす場所であった。ほかの地区としては造船、修理関係地区、鍛冶町地区があった。また在地領主の居城、防御施設、貿易の管理も行う場合があった有力寺院、教会などもあり、一定の発展をした場合、これらが一体となり港湾地区を形成していた。

対外交易との関係で形成された唐人町は、対外交易港の性格により華人系唐人中心で中国風の屋敷群が存在する場合や日本人や南蛮人が混住している場合など多様であった。臼杵や口之津には南蛮貿易関係の南蛮人もおり、当時の対外交易港はキリスト教受容の窓口でもあったから日本人も含めて民族雑居の傾向もあった。華人系唐人の場合は福建省の出身が多い。東シナ海の航海、交易業に活躍していたのが福建人であり、台湾、琉球など黒潮海道が活動舞台であった。その代表が那覇の久米村の唐人である。リーダー的な、あるいは富裕な唐人は広い屋敷を所有していたとみられる。平戸の王直をはじめ臼杵の帯漢、元明もほかの唐人に比し屋敷地が広い。唐人間の階層差は屋敷地の広狭に反映していた。

　また航海神である媽祖を祀った天妃宮が那覇、鹿児島、長崎などには存在し媽祖神も唐人町や唐人が来住した場所で祀られ、特に南九州の港、唐人町の三叉路には石敢當が置かれた。これに対して北部九州はキリシタン大名が多かったこともあり教会、キリスト教関係施設がみられる。九州の北部と南部の港、唐人町の相違点は、その形成時期、領主・寺院・倭寇・教会の動向、産業、流通網、異文化の受容、地形、気候など各分野にわたる背景の違いを反映しており、詳細な比較は今後の課題である。

　町として集住型ではなくても鹿児島、阿久根、唐人屋敷の形成前の長崎のような分散型、個人での滞留、居住型を含めると、九州・沖縄の数多くの港町には唐人がおり、対外交易での賑わい、領主・海商の富や武器の蓄積、キリスト教の普及などに大きな役割を果たしていた。その状況に対して豊臣秀吉、徳川家康は相当の危機感を持ち、対外交易やキリスト教の統制化を強めた。結果としての鎖国では、全国的には千石船などの中型船以下の船が主体の国内交易が中心となり航法も天文航法ではなく陸上の目標に頼る山見法に戻った。港が対外交易の機能を喪失すると同時に唐人町もその本来の役割を停止した。これに対して都城、高山等の内陸部の唐人町は商業街という意味が強く、南

九州では鎖国後も唐人の子孫たちが商工業の中心として活躍した。

　鎖国後も九州・沖縄には長崎口、対馬口、琉球口の3カ所の玄関口が置かれたことにより、幕府の厳密な統制管理下ではあるが海外とのゲートウェイの役割は維持した。特に薩摩藩は琉球貿易に公式にも非公式にも関与することにより遠洋の航海体制を保持できた。島津氏の管理下にある港が増え、いわば藩の港としての性格が強くなり薩摩藩の指定を受けた御用商人が増えた。藩の財政が窮乏化するにつれ琉球貿易を中心として薩摩藩自体が貿易商社的色彩を持つようになっていった。と同時に藩の意向、保護、財政の枠組みに縛られたため自立的な発展とはいいがたく、明治維新以降、藩の消滅、関東、関西方面の産業化、貿易港の成長により、南九州の港湾は貿易より漁業や離島との交通に移行せざるを得なかった。近年は農産物、木材、養殖魚の輸出やクルーズ船の来航により再び国際色を取り戻しつつあった。

　中世後期から近世初頭の港、唐人町関係の史資料は少なく復原が困難な事例が多い。今後は考古学的発掘、ヨーロッパ史料の活用など多方面からの調査、分析も必要である。また本書では、北部九州や南西諸島については充分に取り上げられなかったので今後の課題としたい。

　2021 年 3 月 31 日

森　　勝彦

森　勝彦（もり・かつひこ）
1953 年鹿児島県生まれ。東京教育大学文学部卒業。
筑波大学大学院歴史・人類学研究科博士課程単位取
得退学。2001 年北京大学城市環境学系留学。現在、
鹿児島国際大学国際文化学部教授。専門は東アジア
の歴史都市の交通・通信・交易・管理とその景観保
存に関する歴史地理学的研究。

［主要著書・論文］
『中華郵便局の歴史地理』（単著、中国書店、2012）
『不管地の地政学――アジア的アナーキー空間序論』
（単著、中国書店、2019）、「上海の港湾施設空間の
近代と再開発」『鹿児島国際大学国際文化学部論集』
18－3（2017）、「天津の港湾施設空間の近代と再開
発」同 19－3（2018）

きゅうしゅう みなと　とうじんまち
九 州の港と唐人町
■
2021 年 4 月 30 日　第 1 刷発行
■
著者　森　勝彦
発行者　杉本　雅子
発行所　有限会社海鳥社
〒 812-0023　福岡市博多区奈良屋町 13 番 4 号
電話 092（272）0120　FAX 092（272）0121
http://www.kaichosha-f.co.jp
印刷・製本　有限会社九州コンピュータ印刷
［定価はカバーに表示］
ISBN 978-4-86656-098-4